한권 한달 완성
독일어 말하기

한권 한달 완성
독일어 말하기 Lv. 1

초판 1쇄 발행 2025년 6월 4일

지은이 김성희
펴낸곳 (주)에스제이더블유인터내셔널
펴낸이 양홍걸 이시원

홈페이지 www.siwonschool.com
주소 서울시 영등포구 영신로 166 시원스쿨
교재 구입 문의 02)2014-8151
고객센터 02)6409-0878

ISBN 979-11-6150-990-7 13750
Number 1-531108-30309900-09

이 책은 저작권법에 따라 보호받는 저작물이므로 무단복제와 무단전재를 금합니다. 이 책 내용의 전부 또는 일부를 이용하려면 반드시 저작권자와 ㈜에스제이더블유인터내셔널의 서면 동의를 받아야 합니다.

한권 한달 완성
독일어 말하기 Lv. 1

김성희 지음

SIWON
SCHOOL
GERMAN

S 시원스쿨닷컴

머리말

안녕하세요!
시원스쿨 독일어 강사
김성희입니다.

항상 영상 속에서 제 목소리로 저를 소개하고 인사드렸는데, 이렇게 글로 써보니 감회가 새롭습니다. 독일어의 세계에 문을 두드린 여러분! 모두 환영합니다.

누군가는 독일어를 어려운 언어, 인기 없는 비주류 언어라고 말할지 모릅니다. 독일어가 쉬운 언어는 아니지만, 그렇다고 어렵기만 한 것은 아닙니다. 저는 독일어가 '배우고 깨쳐 나가는 과정이 즐겁고 아주 효율적이며 매력적인 언어'라고 생각합니다. 또한 독일, 스위스, 오스트리아 외에도 다양한 곳에서 독일어가 사용되고 있어 유럽의 제1언어라고 불리기도 합니다.

외워야 할 것이 많고, 우리말과 다른 생소한 부분, 영어와 비슷한 것 같지만 의외로 다른 부분들이 학습자들에게 어려움을 안겨주는 것은 사실입니다. 영어와 조금 더 비교를 해보자면, 많은 사람들이 오랜 시간 영어를 배웠지만 영어권 국가의 대학에서 바로 수업을 들을 수준이 되려면 또다시 몇 년을 공부해야 할지도 모릅니다. 이에 비해 독일어는 특정 목표를 위해 배우기 시작한 시점으로부터 길게는 3년, 짧게는 1년 정도 투자하시면 누구나 중급 이상의 독일어를 구사하실 수 있습니다.

물론 개인차는 있습니다. 어떤 분은 3년 넘게 공부해도 중급이 안 되시는 분도 있고, 시작 3개월 만에 중급 시험인 B1에 합격하시는 분도 제가 직접 지켜본 적이 있습니다. 이렇게 개인차는 있지만, 많은 분들을 지켜본 저의 경험상 평균적으로 6개월 정도 공부하시면 그 아래 수준인 A2에 도달하실 수 있습니다. 만약 여러분이 <한권 한달 완성 독일어 말하기> 시리즈 교재로 공부를 마치신 경우라면 A1에 도달했다고 볼 수 있겠습니다.

〈한권 한달 완성 독일어 말하기〉 시리즈 교재와 강의는 아주 쉽고 간단하게 만들어졌습니다. 20년 가까이 다양한 현장에서 수업하면서, 누구나 이해할 수 있도록 쉽게 강의하는 것과 간단하면서도 쉬운 교재를 만들어 내는 것이 오히려 얼마나 어려운 일인지를 점차 알게 되었습니다. 어려운 문법 용어 같은 말을 하지 않고도 직관적으로 이해하고, 적용하여 바로 입으로 내뱉을 수 있는 콘텐츠를 만들기 위해 시원스쿨의 직원분들과 저는 많은 노력을 기울였다고 자부할 수 있습니다.

저희 시원스쿨 강의와 교재로 공부하시면서 이 점을 분명히 느끼실 수 있을 거라 생각합니다. 이런 점을 느끼셨다면 시원스쿨 독일어 홈페이지 후기란에 꼭 남겨주십시오. 하나하나 소중하게 읽어보고 있습니다. 그 후기들을 보며 많은 보람을 느낍니다. 그 보람은 제가 독일어 강의를 계속할 수 있도록 해주는 원동력이 되기도 하고, 제가 살아가는 이유 중 하나이기도 합니다.

독일어 시험장에서나 독일어 학원 등에서 시원스쿨 강의를 들었다고 제게 말씀해주시는 분들을 종종 만나게 됩니다. 조금 쑥스럽긴 하지만 참 기분이 좋습니다. 혹시 저를 만나시면 주저하지 마시고 함께 기쁘게 인사 나누었으면 좋겠습니다.

어디에선가 저의 강의와 교재로 독일어를 공부하고 계시는 모든 분들이 독일어의 매력에 흠뻑 빠져 행복하고 건강하게 살아가시기를 진심으로 기원하고 응원합니다. 이 책이 나오기까지 도움을 주신 많은 분들께 진심으로 감사드립니다. 또한 제 인생의 동반자와 사랑하는 도 남매에게도 고맙다는 말을 전하고 싶습니다.

마지막으로 시원스쿨 독일어에 앞으로도 많은 관심과 사랑을 부탁드립니다.

감사합니다.

저자 김성희

이 책의 구성과 특징

오늘의 주제

해당 Lektion의 학습 목표를 먼저 확인하면서 독일어 학습을 준비해 볼까요? 각 Lektion에서 반드시 기억해야 할 오늘의 표현도 먼저 확인해 보세요.

오늘의 단어

왕초보 단계에서 꼭 알아야 할 필수 단어들을 먼저 배워 보세요. MP3를 들으며 각 단어의 발음을 정확히 익힌 뒤, 큰 소리로 여러 번 따라 읽으며 자연스럽게 입에 익혀 보세요.

오늘의 회화

기초 회화 실력을 쌓을 수 있는 대화문으로 각 Lektion의 핵심 문장을 자연스럽게 익혀 보세요. 자주 쓰이는 표현들과 함께 실제 상황에서 활용할 수 있는 실용적인 독일어 표현들을 연습할 수 있어요.

오늘의 학습 내용

독일어 문법, 어렵지 않아요! 각 Lektion에서는 보기 쉽게 정리된 표와 다양한 응용 예문으로 필수 문법을 익힐 수 있어요. 추가적으로 알아 두면 유용한 내용은 이것만은 꼭!에서 짚어 드려요.

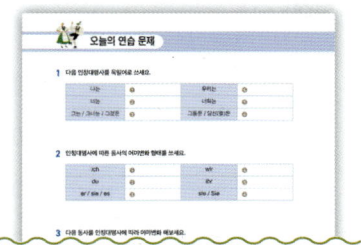

오늘의 연습문제

각 Lektion에서 배운 내용에 대한 이해도를 점검하는 연습문제를 제공합니다. 제시된 문제에 적절한 답을 적어 보면서 스스로 얼마나 완벽하게 학습 내용을 이해했는지 확인해 보세요.

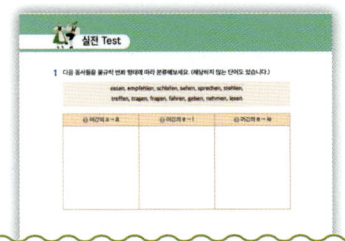

실전 Test

앞서 학습한 내용들을 종합적으로 복습하면서, 최종 실력을 확인할 수 있는 다양한 문제를 제공합니다. 어렵게 생각하지 마세요! 놓친 부분이 있다면 다시 한 번 돌아가서 복습해도 괜찮아요. 자신 있게 도전해 보세요.

**원어민 성우
무료 MP3 파일**

원어민 성우의 정확한 발음을 듣고 따라하며 본 교재의 내용을 반복 연습할 수 있도록 무료 MP3 파일을 제공합니다.

**필수 문장 쓰기 노트,
필수 동사 변화표**

본 교재에서 다룬 필수 문장과 필수 동사 변화표를 PDF로 제공합니다. 배운 내용을 PDF로 복습하면서 독일어 실력을 탄탄하게 다져보세요.

**저자 직강
동영상 강의**

독학을 위한 저자 유료 동영상 강의를 제공합니다. 동영상 강의는 germany.siwonschool.com에서 확인하세요.

차례

- 머리말   004
- 이 책의 구성과 특징   006
- 파닉스 01   독일어 알파벳   012
- 파닉스 02   독일어 복자음   018
- 파닉스 03   독일어 복모음   022
- 파닉스 04   독일어 강세   024

- 준비하기 01   정관사   028
- 준비하기 02   부정관사   030
- 준비하기 03   소유관사   032
- 준비하기 04   명사의 성과 복수형   036
- 준비하기 05   인칭대명사   038

Lektion 01   **Ich lerne Deutsch!**   040
나 독일어 배워!
독일어의 인칭대명사 | 인칭대명사에 따른 동사 어미변화 규칙

Lektion 02   **Ich heiße Seonghee.**   048
나는 성희라고 해.
(준)규칙동사 1 | 이름 말하기

Lektion 03   **Arbeitest du jetzt?**   054
너는 지금 일해?
(준)규칙동사 2 | 일/생각 말하기

Lektion 04   **Schläfst du jetzt?**   062
너는 지금 자니?
불규칙동사 1 | 뭐 하는지 묻기

Lektion 05	**Spricht er Deutsch?** 걔 독일어 해? 불규칙동사 2 ǀ 구사 언어 말하기	**070**
Lektion 06	**Was empfehlt ihr?** 너희는 무엇을 추천해 줄래? 불규칙동사 3 ǀ 추천하기	**078**
Lektion 07	**Wiederholung** 1~6강 복습	**084**
Lektion 08	**Wir sind glücklich.** 우리는 행복해. 완전 불규칙동사 ǀ 3대 기본동사 (sein, haben, werden)	**092**
Lektion 09	**Was ist das?** 이게 뭐야? 정관사 주어 (1격) ǀ 부정관사 주어 (1격) ǀ 명사의 성	**098**
Lektion 10	**Ich finde den Mann schön.** 나는 그 남자를 멋지다고 생각해. 정관사 목적어 (4격) ǀ 부정관사 목적어 (4격)	**104**
Lektion 11	**Sie sind Studentinnen.** 그들은 여대생이야. 복수명사 ǀ 합성명사	**110**
Lektion 12	**Wiederholung** 8~11강 복습	**116**
Lektion 13	**Sie liebt ihn.** 그녀는 그를 사랑해. 인칭대명사 4격 ǀ 4격 지배 동사	**124**

Lektion 14　**Wie geht es dir?**　130
어떻게 지내?
인칭대명사 3격 | 3격 지배 동사

Lektion 15　**Die Freundin des Lehrers ist Deutsche.**　136
그 선생님의 여자친구는 독일인이야.
2격 관사 | 남/중2 -(e)s | 고유명사의 소유격

Lektion 16　**Ich helfe den Kindern.**　142
난 그 아이들에게 도움을 줘.
3격 관사 | 3격 지배 동사 | 복수 3격 어미 n

Lektion 17　**Was ist dein Hobby?**　148
너의 취미는 뭐니?
소유관사 1격 (주어)

Lektion 18　**Ich mag meinen Beruf.**　154
나는 나의 일을 좋아해.
소유관사 4격 (목적어)

Lektion 19　**Wiederholung**　160
13~18강 복습

Lektion 20　**Was sind Sie von Beruf?**　168
당신의 직업은 무엇입니까?
직업 묻고 답하기 | 관사를 사용하지 않는 경우

Lektion 21　**Ich möchte bestellen.**　174
주문하고 싶어요.
주문하기 | 화법조동사 1 : möchte

Lektion 22　**Darf ich mal sehen?**　180
한번 봐도 될까요?
화법조동사 2 : dürfen

Lektion 23   Können Sie bitte langsamer sprechen?   **186**
조금 더 천천히 말씀해 주실 수 있나요?

화법조동사 3 : können

Lektion 24   Wollen wir Musik hören?   **192**
우리 음악 들을래?

화법조동사 4 : wollen

Lektion 25   Wiederholung   **198**
20~24강 복습

Lektion 26   Ich muss Deutsch lernen.   **206**
나 독일어 공부해야 돼.

화법조동사 5 : müssen

Lektion 27   Ich soll die Medikamente nehmen.   **212**
나 이 약을 먹어야 한대.

화법조동사 6 : sollen

Lektion 28   Das ist kein Laptop.   **218**
이것은 노트북이 아니다.

명사 부정어 kein | 가격 묻고 답하기 : kosten | 0~10000까지의 수

Lektion 29   Ich weiß es nicht.   **224**
잘 모르겠어요.

불규칙 동사 wissen | 부정어 nicht | 부정의문문과 대답

Lektion 30   Wiederholung   **230**
26~29강 복습

정답   **238**

파닉스 01 독일어 알파벳

1. 독일어 알파벳

A	B	C	D	E	F
[아:]	[베:]	[체:]	[데:]	[에:]	[에f프]
G	H	I	J	K	L
[게:]	[하:]	[이:]	[여트]	[카:]	[엘]
M	N	O	P	Q	R
[엠]	[엔]	[오:]	[페:]	[쿠:]	[에아]
S	T	U	V	W	X
[에스]	[테:]	[우:]	[f파우]	[v베:]	[익스]
Y	Z	Ä	Ö	Ü	ß
[윕실런]	[체트]	[애:]	[외:]	[위:]	[에스체트]

2. 모음 알파벳

A	E	I	O	U
[아:]	[에:]	[이:]	[오:]	[우:]

3. 모음의 역할을 하는 알파벳

J	Y	Ä	Ö	Ü
[여트]	[윕실런]	[애:]	[외:]	[위:]

4. 독일어 알파벳 학습하기

A [아:]	Affe [아f페] 원숭이	Name [나:메] 이름

TIPP 모음 뒤 자음이 2개 이상일 경우 짧게 발음하고, 모음 뒤 자음이 1개일 경우 길게 발음합니다.

B [베:]	Baum [바움] 나무	halb [할프] 1/2, 절반

TIPP b가 맨 뒤로 가면 p로 발음합니다.

C [체:]	CD [체:데:] CD	FC [f에프체] FC(축구팀)

D [데:]	Duft [두f프트] 향기	Geld [겔트] 돈

TIPP d가 맨 뒤로 가면 t로 발음합니다.

E [에:]	Ende [엔데] 끝	Tee [테:] 차(茶)

TIPP e가 맨 뒤로 가면 약하게 발음하고, ee는 길게 발음합니다.

F [에f프]	Foto [f포:토] 사진	Kaffee [카페:] 커피

TIPP ff, ph도 f와 발음이 같습니다.

G [게:]	Gift [기f프트] 독	Tag [타:크] 날, 낮

TIPP g가 맨 뒤로 가면 k로 발음합니다.

H [하:]	Hof [호:f프] 마당	Uhr [우:어] 시계

★TIPP 모음 뒤에 h가 올 경우, h는 묵음이 되고 모음은 장음으로 발음합니다.

I [이:]	Igel [이:겔] 고슴도치	Termin [테어민:] 일정

★TIPP 강세 있는 모음 뒤에 자음 1개만 있으면 해당 모음은 길게 발음합니다.

J [여트]	Japan [야:판] 일본	jung [융] 어린

★TIPP ja[야] / ju[유] / je[예] / jo[요]의 경우 모음과 결합해서 발음하지만 외래어는 이와 달리 [져(dʒ)]로 발음합니다. (예 : Job, joggen, Journalist)

K [카:]	Kamera [카:메라] 카메라	Kunde [쿤데] 고객

★TIPP ck도 k와 발음이 같습니다.

L [엘]	Land [란트] 땅, 나라	Lippen [리펜] 입술

M [엠]	Monat [모:나트] 달, 월	Mund [문트] 입

N [엔]	Neffe [네f페] 남자 조카	Bank [방크] 은행

★TIPP nk, ng는 [엉/응(ŋ)]으로 발음합니다. (예 : Hunger, lange)

O [오:]	Ofen [오:f펜] 오븐, 화로	offen [어f펜] 열린

P [페:]	Post [포스트] 우체국	Kopf [컵f프] 머리

TIPP pf 발음에 주의하세요. (예 : Pferd)

Q [쿠:]	Quittung [크v비퉁] 영수증	Quelle [크v벨레:] 샘물, 원천

TIPP 항상 qu는 함께 다니고 [kv]로 발음합니다.

R [에아]	Radio [라:디오] 라디오	Butter [부터] 버터

TIPP r 뒤에 모음이 오는 경우 가글하는 것과 같이 발음하고, 모음 다음에 r이 오는 경우에는 가볍게 [어/아]로 발음합니다.

S [에스]	Fenster [f펜스터] 창문	Sonne [존네] 태양
	Schule [슐:레] 학교	Sport [슈포어트] 운동

TIPP s가 맨 끝에 있거나 중간에 있으면 [s]로 발음하고, s뒤에 모음이 오는 경우 [z]로 발음합니다. 그리고 'sch-, sp-, st-'로 시작하는 단어는 [슈(ʃ)]로 발음합니다.

T [테:]	Tafel [타:f펠] 칠판	Tag [타:ㅋ] 날, 낮

TIPP 't, tt, dt, th' 와 '-d(d가 맨 끝에 있을 때)'는 모두 [t]로 발음합니다.

U [우:]	**U**fer [우:f퍼] 물가	St**u**hl [슈투:울] 의자

V [f파우]	**V**ater [f파:터] 아빠	**v**oll [f폴] 가득 찬

> **TIPP** 외래어는 [v]로 발음합니다. (예 : Vase / Vitamin)

W [v베:]	**W**agen [v바:겐] 자동차	**W**olf [v볼f프] 늑대

> **TIPP** w는 [v]로 발음합니다.

X [익스]	**X**ylophon [실로f폰] 실로폰	He**x**e [헥쎄] 마녀

> **TIPP** chs와 같은 발음입니다. (예 : sechs)

Y [윕실런]	**Y**ak [야:크] 야크(소)	T**y**p [튀:프] 유형

> **TIPP** y는 [이/위(y)]로 발음하는데, 외래어는 주로 [이(ɪ)]로 발음합니다. (예 : Handy, Hobby, Party)

Z [체트]	**Z**oo [초:] 동물원	**Z**ebra [체:브라] 얼룩말

> **TIPP** -ts, -ds, -tz, -tion도 [츠(ts)]로 발음합니다. (예 : inhalts, abends, Katze, Nation)

Ä [애:]	**Ä**rztin [애어츠틴] 여의사	K**ä**se [캐:제] 치즈

> **TIPP** 변모음 ä의 입모양은 '아', 소리는 [애(ɛ)]입니다.

Ö [외:]	Möbel [뫼:벨] 가구	Löffel [뢰f펠] 숟가락

TIPP 변모음 ö의 입모양은 '오', 소리는 [외(œ)]입니다.

Ü [위:]	Übung [위:붕] 연습	Menü [메뉘:] 세트 메뉴

TIPP 변모음 ü의 입모양은 '우', 소리는 [위(y)]입니다.

ß [에스체트]	Spaß [슈파:스] 재미	Fuß [f푸:스] 발

TIPP ß는 [ss]로 발음되지만 ß의 앞에 오는 모음은 길게 발음합니다.

MEMO

파닉스 02 독일어 복자음

1. 복자음이란?

두 개 이상의 자음이 하나의 소리를 내는 것을 **복자음**이라고 합니다.

① 참고사항 1 : b, d, g가 [p, t, k]로 발음되는 경우
1) b, d, g가 맨 끝에 있을 때
2) b, d, g + 자음

b + 자음 [p]	He**b**st [헤앞스트] 가을	O**b**st [옾스트] 과일
d + 자음 [t]	En**d**station [엔트슈타치오ː ㄴ] 종점, 종착역	Frem**d**sprache [f프렘트슈프라ː헤] 외국어
g + 자음 [k]	tra**g**t [트락트] 입다	lie**g**t [리ː크트] 누워 있다

② 참고사항 2 : b 뒤에 자음이 와도 [p]로 발음되지 않는 경우 → br

br	**br**ingen [브링엔] 가져오다, 데려오다	**Br**ot [브로ː트] 빵	**Br**ille [브릴레] 안경

③ 참고사항 3 : g 뒤에 자음이 와도 [k]로 발음되지 않는 경우 → gl, gr

gl, gr	**Gl**as [글라ː스] 유리, 유리잔	**gr**oß [그로ː스] 큰	주의 mö**gl**ich [뫼ː클리히] 가능한

2. 독일어 복자음

ch		
a, o, u + ch [ㅋㅎ]	Bach [바흐] 시내	noch [노흐] 아직, 더
	Buch [부흐] 책	auch [아우흐] ~도, 또한
그 외 + ch [ㅅ히]	ich [이히] 나 (1인칭)	mich [미히] 나를
	Milch [밀히] 우유	China [히나 / 키나] 중국
예외 : 외래어 [ㅋ]	Christ [크리스트] 기독교인	Chaos [카오스] 혼돈, 무질서
예외 : 외래어 [슈(ʃ)]	Chef [셰프] 상사, 사장	Chance [숑스] 기회

chs [ks] = [x]	sechs [젝슨] 숫자 6	wachsen [v박슨] 자라다, 성장하다

dt [t]	Stadt [슈타트] 도시	verwandt [페어v반트] 친척인	lädt [래트] 초대하다

ff, fff, ph [f]	Schiff [쉬f프] 배, 선박	Schifffahrt [쉬f프f파르트] 항해	Physik [f퓌지:크] 물리학
-ig [이히(ɪç)]	König [쾨:니히] 왕		billig [빌리히] 값싼
ck [k]	Ecke [에케] 모둥이, 구석	Brücke [브뤼케] 다리	Sack [자크] 자루, 포대
-ng [응(ŋ)]	Hunger [훙어] 배고픔	lange [랑에] 길게, 오래	Wange [v방에] 뺨
-nk [응(ŋ)ㅋ]	Bank [방크] 은행, 벤치	danke [당케] 고마워	Punkt [풍크트] 점, 포인트
pf [p+f]	Kopf [콥프] 머리	Topf [톱프] 냄비	Pferd [페어트] 말 (동물)
모음 + ss [앞 모음 : 단음]	Schloss [슐로스] 성 (castle)	Tasse [타세] 찻잔	küssen [퀴쓴] 입 맞추다, 키스하다

모음 + ß [앞 모음 : 장음]	Fuß [f푸:스] 발	groß [그로:스] 큰	Spaß [슈파:스] 재미, 즐거움
sch-, sp-, st- [슈(ʃ)]	Schule [슈:레] 학교	Sport [슈포어트] 운동, 스포츠	Staat [슈타:트] 국가, 나라
	versprechen [f페어슈프레헨] 약속하다	verstehen [f페어슈테:엔] 이해하다	주의 Ski [쉬:] 스키
th [t]	Thema [테:마] 주제, 테마	Therapie [테라피:] 치료, 요법	Theater [테아:터] 극장, 연극
tsch [취(tʃ)]	Deutsch [도이취] 독일어	Tschüs [취스] 안녕 (작별인사)	klatschen [클라첸] 박수치다
-ds, -ts, -tion [츠(ts)]	abends [아:벤츠] 저녁마다		nachts [나흐츠] 밤마다
	Nation [나치오:ㄴ] 국가, 민족		주의 Patient [파치엔트] 환자
	주의 Fremdsprache [f프렘트슈프라:헤] 외국어		주의 Sportschule [슈포어트슈:레] 스포츠 학교

파닉스 03 독일어 복모음

1. 복모음이란?

두 개 이상의 모음이 하나의 소리를 내는 것을 복모음이라고 합니다.

2. 독일어 복모음

au [아우]	Auto [아우토] 자동차	auch [아우흐] ~도, 또한	bauen [바우엔] 짓다, 건설하다
ai [아이]	Mai [마이] 5월	Taifun [타이f푸ː ㄴ] 태풍	Hain [하인] 작은 숲, 수풀
ay [아이]	Bayern [바이언] 바이에른 (독일 지명)	Bayer [바이어] 바이에른 사람	Haydn [하이든] 하이든 (사람 이름)
ei [아이]	mein [마인] 나의, 내 것	kein [카인] 아니다, 없다	klein [클라인] 작은
ey [아이]	Meyer [마이어] 마이어 (성씨)		Loreley [로렐라이] 로렐라이 (독일 언덕 이름)

eu [어이]	heute [허이테] 오늘	Freund [f프러인트] 친구	Leute [러이테] 사람들
	주의 Museum [무제:움] 박물관		
ern [언]	Bayern [바이언] 바이에른 (독일 지명)	gestern [게스턴] 어제	Ostern [오스턴] 부활절
ie [이~]	lieben [리:벤] 사랑하다	Batterie [바테리:] 배터리	Theorie [테오리:] 이론
ie [이어]	Familie [파밀리어] 가족	Ferien [페리언] 방학, 휴가	Italien [이탈리언] 이탈리아
äu = eu [어이]	Häuser [허이저] 집들	Bäume [버이메] 나무들	träumen [트러이멘] 꿈꾸다

MEMO

파닉스 04 독일어 강세

1. 독일어 강세 규칙

① 원칙 : 첫 음절 = 첫 모음에 강세

Abend	Foto	Wasser
[아:벤트]	[f포:토]	[v바써]
저녁	사진	물

② 합성명사 : 첫 단어에 강세

Bierflasche	Fremdsprache	Geburtstag
[비:어f플라셰]	[f프렘트슈프라:헤]	[게부어츠타:ㅋ]
맥주병	외국어	생일

③ 강세를 가지는 특정 후철

-ei	Polizei [폴리차이] 경찰	-ie	Chemie [헤미: / 케미:] 화학
-tät	Universität [우니v베어지테:트] 대학교	-ion	Nation [나치오:ㄴ] 국가
-ur	Natur [나투:어] 자연	-ik	Musik [무지:크] 음악
-ieren	studieren [슈투디:언] 공부하다	-al	Regal [레가:알] 선반

-ent	Student [슈투덴트] 학생	-ist	Polizist [폴리치스트] 경찰관
-enz	Tendenz [텐덴츠] 경향	-anz	Substanz [주브스탄츠] 물질
-ismu	Realismus [레알리스무스] 현실주의		

④ 예외 : 외래어인 경우

modern [모데안] 현대적인	Friseur [f프리죄:어] 미용사	Konzert [콘체어트] 콘서트
Korea [코레:아] 한국	April [아프릴] 4월	Programm [프로그람] 프로그램
Oktober [옥토:버] 10월	Museum [무제:움] 박물관	Adresse [아드레쎄] 주소
Theater [테아:터] 극장	November [노v벰버] 11월	kaputt [카푸트] 고장 난
Kartoffel [카토f펠] 감자	Gitarre [기타레] 기타	Restaurant [레스토렁] 식당
Banane [바나:네] 바나나	Amerika [아메:리카] 미국	orange [오렁쉬] 주황색의

August	Tomate	Franzose
[아우구스트]	[토마:테]	[f프란초:제]
8월	토마토	프랑스인

⑤ be-, ge-, emp-, ent-, er-, ver-, zer-, (miss-)로 시작 : 첫 모음에 강세 X

be-	beginnen [베기넨] 시작하다	ge-	Geschenk [게솅크] 선물
emp-	empfehlen [엠프f페:ㄹ은] 추천하다	ent-	entschuldigen [엔트슐디겐] 용서하다
er-	erfahren [에어f파:렌] 경험하다	ver-	Verkäufer [f페어코이f퍼] 판매원
zer-	zerstören [체어슈퇴:렌] 파괴하다		

⑥ 합성부사/형용사 : 첫 모음 강세 X

allein	woher	wohin
[알라인]	[v보헤어]	[v보힌]
혼자	어디서부터	어디로
natürlich	vielleicht	wahrscheinlich
[나튀얼리히]	[f필라이히트]	[v바:샤인리히]
당연히	아마도	어쩌면
zusammen	zurück	willkommen
[추잠멘]	[추뤽]	[v빌컴멘]
함께	돌아가다	환영받는

⑦ ein-, ab-, fern-, aus-, auf-, mit-, statt-, zu-, her-, an-, teil-, nach-, weg- 등으로 시작 : 첫 모음에 강세

ein-	einsteigen [아인슈타이겐] 탑승하다	ab-	abfahren [압f파:렌] 출발하다
fern-	fernsehen [페언제:엔] 텔레비전 시청하다	mit-	mitkommen [밑컴멘] 함께 오다
zu-	zuhören [추회:렌] 귀 기울여 듣다	weg-	weggehen [벡게:엔] 떠나다

MEMO

준비하기 01 정관사

1. 독일어 명사의 특징

- ✓ 대문자로 쓴다!
- ✓ 3가지 성 중 하나의 성을 가진다! (남성/중성/여성)
- ✓ 복수형이 다양하다!
- ✓ 주로 관사와 함께 쓰인다! (관사 + 명사)

2. 정관사

정관사는 '이, 그, 저'의 뜻으로, 특정한 사람이나 사물을 지칭하는 관사입니다. 명사를 두 번째 언급하거나 일반적인 것일 때 사용합니다.

① 독일어의 4가지 격

1격	2격	3격	4격
주격 (~은/는/이/가)	소유격 (~의)	여격 (~에게)	목적격 (~을/를)

② 정관사의 격변화

구분	남성	여성	중성	복수
1격	der	die	das	die
2격	des	der	des	der
3격	dem	der	dem	den
4격	den	die	das	die

3. 정관사의 활용

① 정관사 1격 (주격, 주어)

그 아빠는	그 엄마는	그 아이는	그 아이들은
der Vater	die Mutter	das Kind	die Kinder

② 정관사 4격 (목적격, 4격 목적어)

그 아빠를	그 엄마를	그 아이를	그 아이들을
den Vater	die Mutter	das Kind	die Kinder

③ 정관사 3격 (여격, 3격 목적어)

그 아빠에게	그 엄마에게	그 아이에게	그 아이들에게
dem Vater	der Mutter	dem Kind	den Kindern

※ TIPP 복수 3격 - 명사에 n 붙이기 : 복3n!

④ 정관사 2격 (소유격, 수식어)

그 아빠의	그 엄마의	그 아이의	그 아이들의
des Vaters	der Mutter	des Kindes	der Kinder

※ TIPP 남성/중성 2격 - 명사에 (e)s 붙이기 : 남중2(e)s!

MEMO

준비하기 02 부정관사

1. 부정관사

부정관사는 '하나의' 또는 '어느'의 뜻으로, 불특정한 것을 처음 언급할 때 사용하는 관사입니다.

ein (기본형)	+	남성명사 / 중성명사	➡	ein
	+	여성명사	➡	ein**e**

① 독일어의 4가지 격

1격	2격	3격	4격
주격 (~은/는/이/가)	소유격 (~의)	여격 (~에게)	목적격 (~을/를)

② 부정관사의 격변화

구분	남성	여성	중성
1격	ein	eine	ein
2격	eines	einer	eines
3격	einem	einer	einem
4격	einen	eine	ein

*TIPP 부정관사는 '하나의'의 의미이므로 복수형의 명사와 함께 사용할 수 없습니다.

3. 부정관사의 활용

① 부정관사 1격 (주격, 주어)

한 남자는	한 여자는	한 아이는
ein Mann	eine Frau	ein Kind

② 부정관사 4격 (목적격, 4격 목적어)

한 남자를	한 여자를	한 아이를
einen Mann	eine Frau	ein Kind

③ 부정관사 3격 (여격, 3격 목적어)

한 남자에게	한 여자에게	한 아이에게
einem Mann	einer Frau	einem Kind

④ 부정관사 2격 (소유격, 수식어)

한 남자의	한 여자의	한 아이의
eines Mannes	einer Frau	eines Kindes

TIPP 남성/중성 2격 - 명사에 (e)s 붙이기 : 남중2(e)s!

MEMO

준비하기 03 소유관사

1. 소유관사

소유관사는 '~의'라는 소유의 의미를 가지며, 정관사와 부정관사처럼 명사를 수식해 주는 관사입니다.

2. 소유관사의 종류

나의	mein	우리의	unser
너의	dein	너희의	euer
그의	sein	그들의	ihr
그녀의	ihr	당신의	Ihr
그것의	sein	당신들의	Ihr

• 소유관사의 사용법 확인하기 (소유관사 1격)

나의 아들은	너의 아빠는	그의 아이는
mein Sohn	dein Vater	sein Kind

3. 소유관사 mein

구분	남성	여성	중성	복수
1격	mein	meine	mein	meine
2격	meines	meiner	meines	meiner
3격	meinem	meiner	meinem	meinen
4격	meinen	meine	mein	meine

TIPP 소유관사는 소유를 나타내므로 복수형의 명사와 함께 사용할 수 있습니다.

4. 소유관사 mein의 활용

① 소유관사 mein 1격 (주격, 주어)

나의 아들은	나의 딸은	나의 아이는	나의 아이들은
mein Sohn	meine Tochter	mein Kind	meine Kinder

② 소유관사 mein 4격 (목적격, 4격 목적어)

나의 아들을	나의 딸을	나의 아이를	나의 아이들을
meinen Sohn	meine Tochter	mein Kind	meine Kinder

③ 소유관사 mein 3격 (여격, 3격 목적어)

나의 아들에게	나의 딸에게	나의 아이에게	나의 아이들에게
meinem Sohn	meiner Tochter	meinem Kind	meinen Kindern

★TIPP 복수 3격 - 명사에 n 붙이기 : 복3n!

④ 소유관사 mein 2격 (소유격, 수식어)

나의 아들의	나의 딸의	나의 아이의	나의 아이들의
meines Sohnes	meiner Tochter	meines Kindes	meiner Kinder

★TIPP 남성/중성 2격 - 명사에 (e)s 붙이기 : 남중2(e)s!

5. 소유관사의 격변화

① mein 나의

구분	남성	여성	중성	복수
1격	mein	meine	mein	meine
2격	meines	meiner	meines	meiner
3격	meinem	meiner	meinem	meinen
4격	meinen	meine	mein	meine

② **dein** 너의

구분	남성	여성	중성	복수
1격	dein	deine	dein	deine
2격	deines	deiner	deines	deiner
3격	deinem	deiner	deinem	deinen
4격	deinen	deine	dein	deine

③ **sein** 그의, 그것의

구분	남성	여성	중성	복수
1격	sein	seine	sein	seine
2격	seines	seiner	seines	seiner
3격	seinem	seiner	seinem	seinen
4격	seinen	seine	sein	seine

④ **ihr** 그녀의, 그들의

구분	남성	여성	중성	복수
1격	ihr	ihre	ihr	ihre
2격	ihres	ihrer	ihres	ihrer
3격	ihrem	ihrer	ihrem	ihren
4격	ihren	ihre	ihr	ihre

⑤ **Ihr** 당신의, 당신들의

구분	남성	여성	중성	복수
1격	Ihr	Ihre	Ihr	Ihre
2격	Ihres	Ihrer	Ihres	Ihrer
3격	Ihrem	Ihrer	Ihrem	Ihren
4격	Ihren	Ihre	Ihr	Ihre

⑥ unser 우리의

구분	남성	여성	중성	복수
1격	unser	unsere	unser	unsere
2격	unseres	unserer	unseres	unserer
3격	unserem	unserer	unserem	unseren
4격	unseren	unsere	unser	unsere

⑦ euer 너희들의

구분	남성	여성	중성	복수
1격	euer	eure	euer	eure
2격	eures	eurer	eures	eurer
3격	eurem	eurer	eurem	euren
4격	euren	eure	euer	eure

★ TIPP 'euer-'는 어미가 붙으면 어미 앞의 'e'를 생략하여 eure / eurem / eurer / euren이 됩니다.

MEMO

준비하기 04 명사의 성과 복수형

1. 명사의 성 구분하기

자연성	문법성
자연적인 성을 따르는 것 (사람 명사)	사물에 임의적으로 성을 부여하여 문법이 된 것

2. 남성명사의 종류

아래에 해당하는 명사는 (거의) 남성명사입니다.

남자 사람 명사	Vater, Sohn, Bruder, Opa, Onkel, Neffe, Mann ...
하루의 시간	Morgen, Tag, Abend
요일	Montag ~ Sonntag
월	Januar ~ Dezember
계절	Frühling ~ Winter
날씨	Regen, Schnee ...
방위	Osten, Westen ...
술	Schnaps, Wein ...
신분이나 직업	Lehrer, Schüler, Professor, Student, Polizist ...

3. 여성명사의 종류

아래에 해당하는 명사는 (거의) 여성명사입니다.

여자 사람 명사	Mutter, Tochter, Tante, Schwester, Oma ...
신분이나 직업 + in	Lehrer**in**, Schüler**in**, Professor**in**, Student**in**, Polizist**in** ...
-e, -heit, -keit, -ung, -ion, -schaft, -ei, -tät, -ik, -ur, -ie, -enz	Katz**e**, Gesund**heit**, Wahrscheinlich**keit**, Entschuldig**ung**, Nat**ion**, Freund**schaft**, Bäcker**ei**, Universi**tät**, Mus**ik**, Nat**ur**, Batter**ie**, Tend**enz** ...

4. 중성명사의 종류

아래에 해당하는 명사는 (거의) 중성명사입니다.

대부분의 국가	Korea, Deutschland, Italien, Japan, China ...
Ge- 총칭명사	Geschenk, Geschirr, Getränk, Gemüse ...
-chen, -lein, -o, -um, -ment	Mädchen, Fräulein, Foto, Datum, Experiment ...

5. 복수형을 만드는 법

① -/¨ (단수와 같거나 변모음화) : -er/or/el/chen/lein으로 끝나는 명사

단수형	복수형	단수형	복수형
Lehrer	Lehrer	Mantel	Mäntel

② e/¨e : 많은 남성 명사

단수형	복수형	단수형	복수형
Tisch	Tische	Kopf	Köpfe

③ er/¨er : 많은 중성 명사

단수형	복수형	단수형	복수형
Kind	Kinder	Buch	Bücher

④ n/en : 많은 여성 명사

단수형	복수형	단수형	복수형
Tasche	Taschen	Frau	Frauen

⑤ s : 외래어, -a, -o, -i, -y로 끝나는 명사

단수형	복수형	단수형	복수형
Hotel	Hotels	Büro	Büros
Kamera	Kameras	Kuli	Kulis

준비하기 05 인칭대명사

1. 인칭대명사

인칭대명사는 사람, 사물을 칭하면서 이름 대신에 사용하는 명사입니다.

2. 인칭대명사의 종류

	1인칭	2인칭	3인칭
단수	ich (나)	du (너) Sie (당신)	er (그) sie (그녀) es (그것)
복수	wir (우리)	ihr (너희들) Sie (당신들)	sie (그들)

3. 인칭대명사 3격, 4격

① 인칭대명사 단수

1격 (~은/는/이/가)	3격 (~에게)	4격 (~을/를)
ich	mir	mich
du	dir	dich
er	ihm	ihn
sie	ihr	sie
es	ihm	es

② 인칭대명사 복수

1격 (~은/는/이/가)	3격 (~에게)	4격 (~을/를)
wir	uns	uns
ihr	euch	euch
sie	ihnen	sie
Sie	Ihnen	Sie

MEMO

MP3 바로 듣기

Ich lerne Deutsch!
나 독일어 배워!

🇩🇪 오늘의 학습 목표
- ✓ 독일어의 인칭대명사 배우기
- ✓ 인칭대명사에 따른 동사 어미변화 규칙 알아보기

🇩🇪 오늘의 표현
- ✓ 나 독일어 배워!   Ich lerne Deutsch!
- ✓ 너는 독일어를 전공하는구나!   Du studierst Germanistik!

🇩🇪 오늘의 단어

독일어	Deutsch	배우다	lernen
음악	Musik	듣다	hören
한국	Korea	~에서 오다	kommen aus
베를린	Berlin	~에 살다	wohnen in
독어독문학	Germanistik	전공하다	studieren

오늘의 회화

#1

Woher kommst du? — 너는 어디서 왔니?

Ich komme aus Korea. — 나는 한국에서 왔어.

#2

Wo wohnt er? — 그는 어디에 사니?

Er wohnt in Berlin. — 그는 베를린에 살아.

#3

Was lernt ihr? — 너희들은 뭘 배우니?

Wir lernen Deutsch. — 우리는 독일어를 배워.

#4

Ihr studiert Germanistik. — 너희는 독어독문학을 전공해.

#5

Sie hören Musik. — 그들은 음악을 듣는다.

오늘의 학습 내용

❶ 독일어의 인칭대명사

	단수형		복수형	
1인칭	ich	나	wir	우리들
2인칭	du	너	ihr	너희들
	Sie	당신	Sie	당신들
3인칭	er	그	sie	그들
	sie	그녀		
	es	그것		

❷ 인칭대명사에 따른 동사의 어미변화

ich	나
du	너
er / sie / es	그 / 그녀 / 그것
wir	우리
ihr	너희
sie / Sie	그들, 당신(들)

➡

어간	e
	st
	t
	en
	t
	en

🟢 **이것만은 꼭!**

☆ **독일어 동사의 특징**
① 독일어 동사는 어미가 변화한다!
② 평서문에서 동사는 앞에서 두 번째 자리에 놓기!

1) lernen (배우다)

ich	lerne	wir	lernen
du	lernst	ihr	lernt
er / sie / es	lernt	sie / Sie	lernen

Ich **lerne** Deutsch.　　　　나는 독일어를 배운다.

Du **lernst** Deutsch.　　　　너는 독일어를 배운다.

Er/Sie/Es **lernt** Deutsch.　　그/그녀/그것은 독일어를 배운다.

Wir **lernen** Deutsch.　　　　우리는 독일어를 배운다.

Ihr **lernt** Deutsch.　　　　　너희는 독일어를 배운다.

Sie **lernen** Deutsch.　　　　그들은/당신(들)은 독일어를 배운다.

2) hören (듣다)

ich	höre	wir	hören
du	hörst	ihr	hört
er / sie / es	hört	sie / Sie	hören

Ich **höre** Musik.　　　　나는 음악을 듣는다.

Du **hörst** Musik.　　　　너는 음악을 듣는다.

Er/Sie/Es **hört** Musik.　　그/그녀/그것은 음악을 듣는다.

Wir **hören** Musik.　　　　우리는 음악을 듣는다.

Ihr **hört** Musik.　　　　　너희는 음악을 듣는다.

Sie **hören** Musik.　　　　그들은/당신(들)은 음악을 듣는다.

3) kommen (오다)

ich	komme	wir	kommen
du	kommst	ihr	kommt
er / sie / es	kommt	sie / Sie	kommen

Ich **komme** aus Korea.   나는 한국에서 왔다.

Du **kommst** aus Korea.   너는 한국에서 왔다.

Er/Sie/Es **kommt** aus Korea.   그/그녀/그것은 한국에서 왔다.

Wir **kommen** aus Korea.   우리는 한국에서 왔다.

Ihr **kommt** aus Korea.   너희는 한국에서 왔다.

Sie **kommen** aus Korea.   그들은/당신(들)은 한국에서 왔다.

4) wohnen (살다)

ich	wohne	wir	wohnen
du	wohnst	ihr	wohnt
er / sie / es	wohnt	sie / Sie	wohnen

Ich **wohne** in Berlin.   나는 베를린에 산다.

Du **wohnst** in Berlin.   너는 베를린에 산다.

Er/Sie/Es **wohnt** in Berlin.   그/그녀/그것은 베를린에 산다.

Wir **wohnen** in Berlin.   우리는 베를린에 산다.

Ihr **wohnt** in Berlin.   너희는 베를린에 산다.

Sie **wohnen** in Berlin.   그들은/당신(들)은 베를린에 산다.

5) studieren (전공하다)

ich	studiere	wir	studieren
du	studierst	ihr	studiert
er / sie / es	studiert	sie / Sie	studieren

Ich **studiere** Germanistik.   나는 독어독문학을 전공한다.

Du **studierst** Germanistik.   너는 독어독문학을 전공한다.

Er/Sie/Es **studiert** Germanistik.   그/그녀/그것은 독어독문학을 전공한다.

Wir **studieren** Germanistik.   우리는 독어독문학을 전공한다.

Ihr **studiert** Germanistik.   너희는 독어독문학을 전공한다.

Sie **studieren** Germanistik.   그들은/당신(들)은 독어독문학을 전공한다.

MEMO

오늘의 연습 문제

1 다음 인칭대명사를 독일어로 쓰세요.

나는	❶	우리는	❹
너는	❷	너희는	❺
그는 / 그녀는 / 그것은	❸	그들은 / 당신(들)은	❻

2 인칭대명사에 따른 동사의 어미변화 형태를 쓰세요.

ich	❶	wir	❹
du	❷	ihr	❺
er / sie / es	❸	sie / Sie	❻

3 다음 동사를 인칭대명사에 따라 어미변화 해보세요.

lernen (배우다)			
ich	❶	wir	❹
du	❷	ihr	❺
er / sie / es	❸	sie / Sie	❻

hören (듣다)			
ich	❼	wir	❿
du	❽	ihr	⓫
er / sie / es	❾	sie / Sie	⓬

kommen (오다)			
ich	⓭	wir	⓰
du	⓮	ihr	⓱
er / sie / es	⓯	sie / Sie	⓲

4 괄호 안의 동사를 주어에 맞게 변화시켜 쓰세요.

❶ Er _____ Musik. (hören)

❷ Ich _____ in Seoul. (wohnen)

❸ Du _____ Mathe. (studieren)

❹ Wir _____ aus Korea. (kommen)

❺ Ihr _____ Deutsch. (lernen)

독일 여행 Tipp!

역사와 현대가 만나는 도시, 베를린

베를린Berlin은 과거와 현재가 조화를 이루며 독특한 매력을 발산하는 독일의 수도입니다. 이곳에서는 브란덴부르크 문 Brandenburger Tor, 베를린 장벽 기념관Gedenkstätte Berliner Mauer, 체크포인트 찰리Checkpoint Charlie 등 독일의 깊은 역사를 생생하게 느낄 수 있어요. 현대적인 도시 풍경을 즐기고 싶다면 포츠담 광장Potsdamer Platz이나 베를린 TV탑Fernsehturm에 올라 베를린 시내를 한눈에 내려다보는 것도 추천해요.

베를린의 대중교통 시스템은 매우 효율적인 편이어서 U-Bahn(지하철)과 S-Bahn(도시철도)을 이용하면 주요 관광지를 편리하게 이동할 수 있어요. 특히, 베를린 중앙역Berlin Hauptbahnhof은 유럽 최대 규모의 기차역 중 하나로, 여행을 더욱 수월하게 만들어 준답니다. 다양한 박물관과 관광지를 방문할 계획이라면 '베를린 웰컴카드'를 이용해 교통과 입장료 할인 혜택을 누려보세요!

Lektion 02

Ich heiße Seonghee.
나는 성희라고 해.

MP3 바로 듣기

🇩🇪 오늘의 학습 목표
- ✓ (준)규칙동사 1
- ✓ 이름 말하기

🇩🇪 오늘의 표현
- ✓ 나는 성희라고 해. Ich heiße Seonghee.
- ✓ 너는 이름이 어떻게 돼? Wie heißt du?
- ✓ 너는 춤을 즐겨 춘다. Du tanzt gern.

🇩🇪 오늘의 단어

~라 불리다	heißen	어떻게	wie
여행하다	reisen	즐겨	gern
싫어하다	hassen	문법	Grammatik
춤추다	tanzen	지금	jetzt
앉아있다	sitzen	거기에	dort

오늘의 회화

#1 **Wie heißt du?** — 넌 이름이 어떻게 돼?

Ich heiße Seonghee. — 나는 성희라고 해.

#2 **Er reist gern.** — 그는 여행을 즐겨 한다.

#3 **Wir reisen jetzt.** — 우리는 지금 여행한다.

#4 **Sie tanzt dort.** — 그녀는 거기에서 춤춘다.

Tanzt du gern? — 너는 춤을 즐겨 추니?

#5 **Er sitzt dort.** — 그는 거기에 앉아 있다.

Du hasst ihn. — 너는 그를 싫어한다.

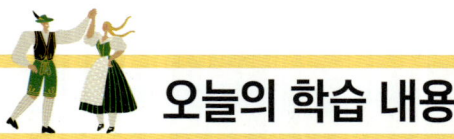

오늘의 학습 내용

① heißen (~라 불리다)

heißen 동사는 (준)규칙 동사에 해당하지만 du가 주어일 때 -st가 아닌 -t만 붙여서 어미 변화합니다.

1) heißen 동사의 어미 변화

ich	heiße	wir	heißen
du	heißt	ihr	heißt
er / sie / es	heißt	sie / Sie	heißen

Ich **heiße** (이름).   나는 (이름)라고 불린다.

Du **heißt** (이름).   너는 (이름)라고 불린다.

Er/Sie/Es **heißt** (이름).   그/그녀/그것은 (이름)라고 불린다.

Wir **heißen** (이름).   우리는 (이름)라고 불린다.

Ihr **heißt** (이름).   너희는 (이름)라고 불린다.

Sie **heißen** (이름).   그들은/당신(들)은 (이름)라고 불린다.

2) heißen 동사로 질문하기

① 의문사 있는 의문문

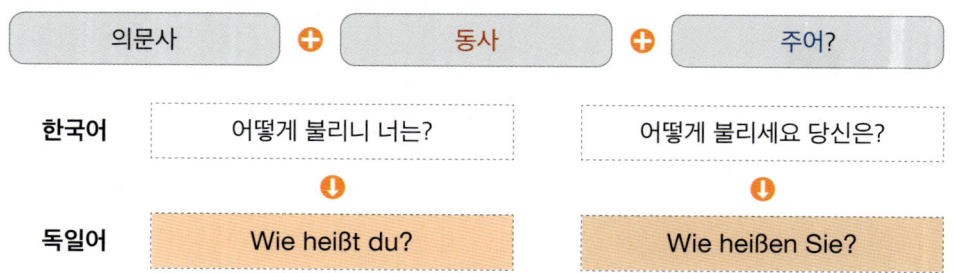

② 의문사 없는 의문문

한국어	불리니 너는 민지라고?	불리세요 당신은 김씨라고?
독일어	Heißt du Minji?	Heißen Sie Frau Kim?

② 또 다른 (준)규칙동사

heißen 동사처럼 du가 주어일 때 -st가 아닌 -t만 붙여서 어미 변화하는 동사들을 더 배워봅시다.

1) reisen (여행하다)

ich	reise	wir	reisen
du	reist	ihr	reist
er / sie / es	reist	sie / Sie	reisen

Ich **reise** gern. 나는 여행을 즐겨 한다.

Du **reist** gern. 너는 여행을 즐겨 한다.

Er/Sie/Es **reist** gern. 그/그녀/그것은 여행을 즐겨 한다.

Wir **reisen** gern. 우리는 여행을 즐겨 한다.

Ihr **reist** gern. 너희는 여행을 즐겨 한다.

Sie **reisen** gern. 그들은/당신(들)은 여행을 즐겨 한다.

2) hassen (싫어하다)

ich	hasse	wir	hassen
du	hasst	ihr	hasst
er / sie / es	hasst	sie / Sie	hassen

Ich **hasse** Grammatik.   나는 문법을 싫어한다.

Du **hasst** Grammatik.   너는 문법을 싫어한다.

Er/Sie/Es **hasst** Grammatik.   그/그녀/그것은 문법을 싫어한다.

Wir **hassen** Grammatik.   우리는 문법을 싫어한다.

Ihr **hasst** Grammatik.   너희는 문법을 싫어한다.

Sie **hassen** Grammatik.   그들은/당신(들)은 문법을 싫어한다.

3) sitzen (앉아 있다)

ich	sitze	wir	sitzen
du	sitzt	ihr	sitzt
er / sie / es	sitzt	sie / Sie	sitzen

Ich **sitze** dort.   나는 거기에 앉아 있다.

Du **sitzt** dort.   너는 거기에 앉아 있다.

Er/Sie/Es **sitzt** dort.   그/그녀/그것은 거기에 앉아 있다.

Wir **sitzen** dort.   우리는 거기에 앉아 있다.

Ihr **sitzt** dort.   너희는 거기에 앉아 있다.

Sie **sitzen** dort.   그들은/당신(들)은 거기에 앉아 있다.

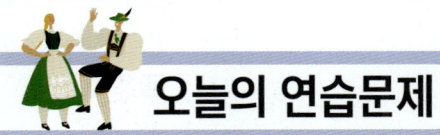

오늘의 연습문제

1 다음 동사를 인칭대명사에 따라 어미변화 해보세요.

heißen (~라 불리다)			
ich	❶	wir	❹
du	❷	ihr	❺
er / sie / es	❸	sie / Sie	❻

2 다음 평서문을 각각 의문사가 없는 의문문과 의문사가 있는 의문문으로 바꿔보세요.

Du hasst Grammatik. 너는 문법을 싫어한다.

❶ 너는 문법을 싫어하니?

➡ _____

❷ 너는 왜 문법을 싫어하니? (왜: warum)

➡ _____

3 다음 밑줄 친 부분이 잘못된 문장을 골라보세요.

ⓐ Sie heißt Lena.

ⓑ Wir reisen gern.

ⓒ Du sitzst auf dem Boden.

ⓓ Er hasst Grammatik.

정답 p.238

Lektion 03

Arbeitest du jetzt?
너는 지금 일해?

MP3 바로 듣기

🇩🇪 오늘의 학습 목표
- ✓ (준)규칙동사 2
- ✓ 일/생각 말하기

🇩🇪 오늘의 표현
- ✓ 너는 지금 일해?　　　　　　Arbeitest du jetzt?
- ✓ 그는 그것을 좋다고 생각한다.　Er findet das gut.
- ✓ 너희는 창문을 연다.　　　　　Ihr öffnet das Fenster.

🇩🇪 오늘의 단어

일하다	arbeiten	지금	jetzt
생각하다	finden	그것을	das
비 오다	regnen	거세게	stark
숨쉬다	atmen	깊게	tief
열다	öffnen	창문	Fenster
스케치하다	zeichnen	잘	gut

오늘의 회화

  **Arbeitest du jetzt?** 너는 지금 일해?

 **Ja, ich arbeite als Lehrerin.** 응, 나는 교사로 일하고 있어.

  **Er atmet tief.** 그는 숨을 깊게 쉰다.

  **Du zeichnest sehr gut!** 너는 그림을 매우 잘 그린다!

 **Es regnet heute stark.** 오늘 비가 거세게 온다.
Er findet das gut. 그는 그것을 좋다고 생각한다.

 **Öffnet ihr das Fenster?** 너희는 창문을 여니?

 **Ja, wir öffnen das Fenster.** 네, 저희가 창문 열어요.

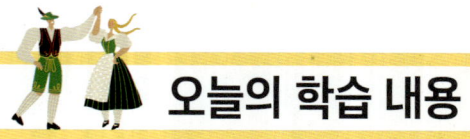

오늘의 학습 내용

1 arbeiten (일하다)

arbeiten 동사는 규칙 동사에 해당하지만 du가 주어일 때 -st가 아닌 -est를 붙여 어미 변화합니다. 그리고 er / sie / es, ihr가 주어일 때 -t가 아닌 -et를 붙여 어미 변화합니다.

1) arbeiten 동사의 어미 변화

ich	arbeite	wir	arbeiten
du	arbeitest	ihr	arbeitet
er / sie / es	arbeitet	sie / Sie	arbeiten

Ich **arbeite** jetzt.	나는 지금 일하고 있다.
Du **arbeitest** jetzt.	너는 지금 일하고 있다.
Er/Sie/Es **arbeitet** jetzt.	그/그녀/그것은 지금 일하고 있다.
Wir **arbeiten** jetzt.	우리는 지금 일하고 있다.
Ihr **arbeitet** jetzt.	너희는 지금 일하고 있다.
Sie **arbeiten** jetzt.	그들은/당신(들)은 지금 일하고 있다.

2) arbeiten 동사로 질문하기

	한국어	한국어
한국어	일하니 너는 지금?	일하니 그는 지금?
독일어	Arbeitest du jetzt?	Arbeitet er jetzt?

② 또 다른 (준)규칙동사

arbeiten 동사처럼 어미가 변화하는 동사들을 추가로 배워봅시다.

1) finden (생각하다)

ich	finde	wir	finden
du	findest	ihr	findet
er / sie / es	findet	sie / Sie	finden

Ich **finde** das gut. 나는 그것이 좋다고 생각한다.

Du **findest** das gut. 너는 그것이 좋다고 생각한다.

Er/Sie/Es **findet** das gut. 그/그녀/그것은 그것이 좋다고 생각한다.

Wir **finden** das gut. 우리는 그것이 좋다고 생각한다.

Ihr **findet** das gut. 너희는 그것이 좋다고 생각한다.

Sie **finden** das gut. 그들은/당신(들)은 그것이 좋다고 생각한다.

2) regnen (비 오다)

ich	-	wir	-
du	-	ihr	-
er / sie / es	regnet	sie / Sie	-

TIPP regnen은 날씨를 표현할 때 사용되는 동사로, 주어가 비인칭 주어 es로만 사용됩니다.

Es **regnet** stark. 비가 거세게 온다.

3) atmen (숨쉬다)

ich	atme	wir	atmen
du	atmest	ihr	atmet
er / sie / es	atmet	sie / Sie	atmen

Ich **atme** tief.　　　　　　　　　나는 깊게 숨을 쉰다.

Du **atmest** tief.　　　　　　　　너는 깊게 숨을 쉰다.

Er/Sie/Es **atmet** tief.　　　　　그/그녀/그것은 깊게 숨을 쉰다.

Wir **atmen** tief.　　　　　　　　우리는 깊게 숨을 쉰다.

Ihr **atmet** tief.　　　　　　　　너희는 깊게 숨을 쉰다.

Sie **atmen** tief.　　　　　　　　그들은/당신(들)은 깊게 숨을 쉰다.

4) öffnen (열다)

ich	öffne	wir	öffnen
du	öffnest	ihr	öffnet
er / sie / es	öffnet	sie / Sie	öffnen

Ich **öffne** das Fenster.　　　　　나는 창문을 연다.

Du **öffnest** das Fenster.　　　　너는 창문을 연다.

Er/Sie/Es **öffnet** das Fenster.　그/그녀/그것은 창문을 연다.

Wir **öffnen** das Fenster.　　　　우리는 창문을 연다.

Ihr **öffnet** das Fenster.　　　　너희는 창문을 연다.

Sie **öffnen** das Fenster.　　　　그들은/당신(들)은 창문을 연다.

5) zeichnen (스케치하다)

ich	zeichne	wir	zeichnen
du	zeichnest	ihr	zeichnet
er / sie / es	zeichnet	sie / Sie	zeichnen

Ich **zeichne** gut.   나는 잘 그린다.

Du **zeichnest** gut.   너는 잘 그린다.

Er/Sie/Es **zeichnet** gut.   그/그녀/그것은 잘 그린다.

Wir **zeichnen** gut.   우리는 잘 그린다.

Ihr **zeichnet** gut.   너희는 잘 그린다.

Sie **zeichnen** gut.   그들은/당신(들)은 잘 그린다.

MEMO

오늘의 연습 문제

1 다음 동사를 인칭대명사에 따라 어미변화 해보세요.

arbeiten (일하다)			
ich	❶	wir	❹
du	❷	ihr	❺
er / sie / es	❸	sie / Sie	❻

2 다음 평서문을 각각 의문사가 없는 의문문과 의문사가 있는 의문문으로 바꿔보세요.

Du findest das gut. 너는 그것을 좋다고 생각한다.

❶ 너는 그것을 좋다고 생각하니?

➡ _____

❷ 너는 그것을 왜 좋다고 생각하니? (왜: warum)

➡ _____

3 다음 밑줄 친 부분이 잘못된 문장을 골라보세요.

ⓐ Sie <u>atmet</u> tief.

ⓑ Er <u>öffnt</u> das Fenster.

ⓒ Du <u>arbeitest</u> viel.

ⓓ Es <u>regnet</u> heute.

4 제시된 문장을 독일어로 써 보세요.

❶ 나는 지금 일하고 있다.

➡ _____

❷ 비가 많이 온다.

➡ _____

❸ 그녀는 창문을 연다.

➡ _____

독일 여행 Tipp!

맥주와 자동차의 도시, 뮌헨

뮌헨München은 자동차와 맥주가 유명한 독일의 아름다운 남부 도시입니다. 이곳에서는 마리엔 광장Marienplatz에서 시작해 신시청사Neues Rathaus의 시계탑 인형극Glockenspiel을 감상하거나, 님펜부르크 궁전Schloss Nymphenburg의 웅장한 아름다움을 즐길 수 있어요.

맥주를 좋아한다면 호프브로이하우스Hofbräuhaus에서 현지 맥주와 전통 음식도 꼭 경험해 보세요. 자연을 느끼고 싶다면 유럽 최대 규모의 도시 공원 중 하나인 영국 정원Englischer Garten에서 산책이나 휴식을 즐길 수 있답니다. 또한, BMW 박물관, 독일 박물관 Deutsches Museum 등 흥미로운 전시 공간도 가득해요.

뮌헨의 대중교통은 U-Bahn, S-Bahn, 트램, 버스를 통해 잘 연결되어 있어 관광지 이동이 매우 편리하고, 여러 명이 함께 여행할 경우에는 '바이에른 티켓'을 이용하면 경제적으로 다양한 지역을 둘러볼 수 있어요!

정답 p.238

MP3 바로 듣기

Schläfst du jetzt?
너는 지금 자니?

🇩🇪 오늘의 학습 목표
- ✓ 불규칙동사 1
- ✓ 뭐 하는지 묻기

🇩🇪 오늘의 표현
- ✓ 너는 지금 자니?   Schläfst du jetzt?
- ✓ 그는 베를린으로 간다.   Er fährt nach Berlin.
- ✓ 그녀는 빨리 달린다.   Sie läuft schnell.

🇩🇪 오늘의 단어

자다	schlafen	(지명)으로	nach
(타고)가다	fahren	빨리	schnell
달리다	laufen	안경	Brille
착용하고 있다	tragen	많이	viel
질문하다	fragen		

오늘의 회화

#1
 **Schläfst du jetzt?** 너는 지금 자니?

 **Nein, ich schlafe noch nicht.** 아니, 아직 안 자.

#2
 **Er fährt heute nach Berlin.** 그는 오늘 베를린으로 간다.

#3
 **Sie läuft schnell.** 그녀는 빨리 달린다.

#4
 Der Mann trägt eine Brille. 그 남자는 안경을 끼고 있다.

 **Die Frau trägt ein Kleid.** 그 여자는 원피스를 입고 있다.

#5
 **Fragst du viel?** 너는 질문을 많이 해?

 **Ja, ich frage viel.** 응, 나는 질문을 많이 해.

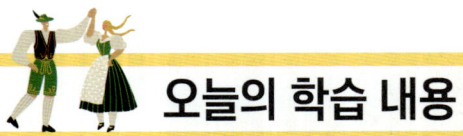

오늘의 학습 내용

① schlafen (자다)

schlafen 동사는 주어가 du, er / sie / es일 때 어간에 있는 a가 ä로 바뀌는 불규칙 동사입니다.

1) schlafen 동사의 어미 변화

ich	schlafe	wir	schlafen
du	schläfst	ihr	schlaft
er / sie / es	schläft	sie / Sie	schlafen

Ich **schlafe** jetzt. 나는 지금 자고 있다.

Du **schläfst** jetzt. 너는 지금 자고 있다.

Er/Sie/Es **schläft** jetzt. 그/그녀/그것은 지금 자고 있다.

Wir **schlafen** jetzt. 우리는 지금 자고 있다.

Ihr **schlaft** jetzt. 너희는 지금 자고 있다.

Sie **schlafen** jetzt. 그들은/당신(들)은 지금 자고 있다.

2) schlafen 동사로 질문하기

한국어	자니 너는 지금?		자니 그는 지금?
독일어	Schläfst du jetzt?		Schläft er jetzt?

❷ 또 다른 불규칙동사 (1) : 어간의 a → ä

schlafen 동사처럼 주어가 du, er / sie / es일 때 어간에 있는 a가 ä로 바뀌는 불규칙 동사들을 추가로 배워봅시다.

1) fahren ((타고)가다)

ich	fahre	wir	fahren
du	fährst	ihr	fahrt
er / sie / es	fährt	sie / Sie	fahren

Ich **fahre** nach Berlin.   나는 베를린에 간다.

Du **fährst** nach Berlin.   너는 베를린에 간다.

Er/Sie/Es **fährt** nach Berlin.   그/그녀/그것은 베를린에 간다.

Wir **fahren** nach Berlin.   우리는 베를린에 간다.

Ihr **fahrt** nach Berlin.   너희는 베를린에 간다.

Sie **fahren** nach Berlin.   그들은/당신(들)은 베를린에 간다.

2) laufen (달리다)

ich	laufe	wir	laufen
du	läufst	ihr	lauft
er / sie / es	läuft	sie / Sie	laufen

Ich **laufe** schnell.   나는 빨리 달린다.

Du **läufst** schnell.   너는 빨리 달린다.

Er/Sie/Es **läuft** schnell.   그/그녀/그것은 빨리 달린다.

Wir **laufen** schnell.   우리는 빨리 달린다.

Ihr **lauft** schnell.   너희는 빨리 달린다.

Sie **laufen** schnell.   그들은/당신(들)은 빨리 달린다.

3) tragen (착용하고 있다)

ich	trage	wir	tragen
du	trägst	ihr	tragt
er / sie / es	trägt	sie / Sie	tragen

Ich **trage** eine Brille.   나는 안경을 쓴다.

Du **trägst** eine Brille.   너는 안경을 쓴다.

Er/Sie/Es **trägt** eine Brille.   그/그녀/그것은 안경을 쓴다.

Wir **tragen** eine Brille.   우리는 안경을 쓴다.

Ihr **tragt** eine Brille.   너희는 안경을 쓴다.

Sie **tragen** eine Brille.   그들은/당신(들)은 안경을 쓴다.

❸ 주의할 동사 : fragen (질문하다)

불규칙동사의 어간이 ä로 변하는 현상은 2, 3인칭 단수(du, er / sie / es)에서만 나타납니다. 단, fragen과 같이 어간에 a가 있지만 불규칙이 아닌 경우도 있습니다.

ich	frage	wir	fragen
du	fragst	ihr	fragt
er / sie / es	fragt	sie / Sie	fragen

Ich **frag**e viel.   나는 많이 묻는다.

Du **frag**st viel.   너는 많이 묻는다.

Er/Sie/Es **frag**t viel.   그/그녀/그것은 많이 묻는다.

Wir **frag**en viel.   우리는 많이 묻는다.

Ihr **frag**t viel.   너희는 많이 묻는다.

Sie **frag**en viel.   그들은/당신(들)은 많이 묻는다.

MEMO

오늘의 연습 문제

1 괄호 안의 동사를 인칭대명사에 따라 어미변화 해보세요.

❶ Er _____ viel. (schlafen)

❷ Sie(그녀) _____ eine Brille. (tragen)

❸ Ich _____ nach München. (fahren)

❹ Wir _____ jetzt. (fragen)

❺ Ihr _____ schnell. (laufen)

2 빈칸에 들어갈 동사의 형태를 알맞게 쓰세요.

schlafen (자다)			
ich	schlafe	wir	schlafen
du	❶	ihr	❷
er / sie / es	schläft	sie / Sie	schlafen

fahren ((타고)가다)			
ich	❸	wir	❺
du	fährst	ihr	fahrt
er / sie / es	❹	sie / Sie	fahren

laufen (달리다)			
ich	laufe	wir	laufen
du	❻	ihr	lauft
er / sie / es	❼	sie / Sie	❽

3 다음 밑줄 친 부분 중 잘못된 문장을 골라보세요.

ⓐ Ihr <u>läuft</u> sehr schnell.

ⓑ Wir <u>schlafen</u> jetzt.

ⓒ Ich <u>trage</u> das Kleid.

ⓓ Er <u>fragt</u> mich.

독일 여행 Tipp!

고대와 예술이 공존하는 도시, 쾰른

쾰른Köln은 2천 년 이상의 역사를 간직한 도시로, 독일에서 가장 유명한 고딕 양식 건축물인 쾰른 대성당Kölner Dom이 있는 곳이에요. 이 대성당은 유네스코 세계문화유산으로, 내부의 스테인드글라스와 전망대에서 내려다보는 도시 전경은 정말 인상적이랍니다.

대성당을 나와 바로 인접한 호엔촐레른 다리Hohenzollernbrücke 위에서는 수많은 사랑의 자물쇠들을 볼 수 있고, 라인강 너머로 아름다운 도시 풍경을 감상할 수 있어요. 또한 루트비히 미술관Museum Ludwig에서는 현대 미술과 팝 아트 작품들을 만날 수 있고, 로마-게르만 박물관Römisch-Germanisches Museum에서는 고대 로마 시대 유물들도 관람할 수 있답니다.

쾰른의 대중교통은 S-Bahn, 트램, 버스를 통해 잘 연결되어 있어 관광지 간 이동이 매우 편리해요. 도보로도 많은 명소를 둘러볼 수 있어서 부담 없이 여행하기 좋답니다. 도시 곳곳에 위치한 브로이하우스Bräuhaus에서 현지 맥주인 쾰쉬Kölsch를 맛보는 것도 빼놓을 수 없는 즐거움입니다!

Lektion 05

Spricht er Deutsch?
걔 독일어 해?

MP3 바로 듣기

🇩🇪 오늘의 학습 목표
- ✓ 불규칙동사 2
- ✓ 구사 언어 말하기

🇩🇪 오늘의 표현
✓ 걔 독일어 해?	Spricht er Deutsch?
✓ 그녀가 나에게 초콜릿을 준다.	Sie gibt mir eine Schokolade.
✓ 너는 뭘 즐겨 먹니?	Was isst du gern?

🇩🇪 오늘의 단어
말하다	sprechen	독일어	Deutsch
주다	geben	초콜릿	Schokolade
먹다	essen	아이스크림	Eis
만나다	treffen	나에게, 나를	mir, mich
(교통수단) 타다	nehmen	지하철	U-Bahn

오늘의 회화

#1 **Spricht er Deutsch?** 걔 독일어 해?

 **Ja, er spricht ein bisschen Deutsch.** 응, 조금.

#2  **Er gibt mir Eis.** 그가 나에게 아이스크림을 준다.

#3  **Sie isst viel.** 그녀는 많이 먹는다.

#4  **Die Frau trifft mich.** 그 여자는 나를 만난다.

 **Der Mann trifft die Frau.** 그 남자는 그 여자를 만난다.

#5  **Was isst du gern?** 너는 뭘 즐겨 먹어?

Ich esse gern Fleisch. 나는 고기를 즐겨 먹어.

오늘의 학습 내용

① sprechen (말하다)

sprechen 동사는 주어가 du, er / sie / es일 때 어간의 e가 i로 바뀌는 불규칙 동사입니다.

1) sprechen 동사의 어미 변화

ich	spreche	wir	sprechen
du	sprichst	ihr	sprecht
er / sie / es	spricht	sie / Sie	sprechen

Ich **spreche** Deutsch.   나는 독일어를 말한다.

Du **sprichst** Deutsch.   너는 독일어를 말한다.

Er/Sie/Es **spricht** Deutsch.   그/그녀/그것은 독일어를 말한다.

Wir **sprechen** Deutsch.   우리는 독일어를 말한다.

Ihr **sprecht** Deutsch.   너희는 독일어를 말한다.

Sie **sprechen** Deutsch.   그들은/당신(들)은 독일어를 말한다.

2) sprechen 동사로 질문하기

한국어	말하니 그는 독일어를?	무엇을 말해 너는?
독일어	Spricht er Deutsch?	Was sprichst du?

② 또 다른 불규칙동사 (2) : 어간의 e → i

sprechen 동사처럼 주어가 du, er / sie / es일 때 어간에 있는 e가 i로 바뀌는 불규칙 동사들을 추가로 배워봅시다.

1) geben (주다)

ich	gebe	wir	geben
du	gibst	ihr	gebt
er / sie / es	gibt	sie / Sie	geben

Ich **gebe** ihm eine Schokolade.	나는 그에게 초콜릿을 준다.
Du **gibst** mir eine Schokolade.	너는 나에게 초콜릿을 준다.
Er/Sie/Es **gibt** mir eine Schokolade.	그/그녀/그것은 나에게 초콜릿을 준다.
Wir **geben** ihm eine Schokolade.	우리는 그에게 초콜릿을 준다.
Ihr **gebt** mir eine Schokolade.	너희는 나에게 초콜릿을 준다.
Sie **geben** mir eine Schokolade.	그들은/당신(들)은 나에게 초콜릿을 준다.

2) essen (먹다)

essen 동사는 어간의 끝이 s로 끝나므로 du에 대한 어미 변화에서 -st가 아닌 -t만 추가합니다.

ich	esse	wir	essen
du	isst	ihr	esst
er / sie / es	isst	sie / Sie	essen

Ich **esse** Eis.	나는 아이스크림을 먹는다.
Du **isst** Eis.	너는 아이스크림을 먹는다.
Er/Sie/Es **isst** Eis.	그/그녀/그것은 아이스크림을 먹는다.

Wir **essen** Eis.   우리는 아이스크림을 먹는다.

Ihr **esst** Eis.   너희는 아이스크림을 먹는다.

Sie **essen** Eis.   그들은/당신(들)은 아이스크림을 먹는다.

3) treffen (만나다)

ich	treff**e**	wir	treff**en**
du	tr**i**ff**st**	ihr	treff**t**
er / sie / es	tr**i**ff**t**	sie / Sie	treff**en**

Ich **treffe** ihn.   나는 그를 만난다.

Du **triffst** mich.   너는 나를 만난다.

Er/Sie/Es **trifft** mich.   그/그녀/그것은 나를 만난다.

Wir **treffen** ihn.   우리는 그를 만난다.

Ihr **trefft** mich.   너희는 나를 만난다.

Sie **treffen** mich.   그들은/당신(들)은 나를 만난다.

③ 주의할 동사 : nehmen ((교통수단) 타다)

불규칙 동사의 어간이 i로 변하는 현상은 2, 3인칭 단수(du, er / sie / es)에서만 나타납니다. 단, 어간에 e가 있다고 모두 i로만 바뀌는 것은 아니며, 추가적으로 불규칙 변화되는 동사도 있습니다. nehmen 동사를 예시로 살펴봅시다.

ich	nehm**e**	wir	nehm**en**
du	n**i**m**mst**	ihr	nehm**t**
er / sie / es	n**i**m**mt**	sie / Sie	nehm**en**

Ich **nehme** die U-Bahn.	나는 지하철을 탄다.
Du **nimmst** die U-Bahn.	너는 지하철을 탄다.
Er/Sie/Es **nimmt** die U-Bahn.	그/그녀/그것은 지하철을 탄다.
Wir **nehmen** die U-Bahn.	우리는 지하철을 탄다.
Ihr **nehmt** die U-Bahn.	너희는 지하철을 탄다.
Sie **nehmen** die U-Bahn.	그들은/당신(들)은 지하철을 탄다.

MEMO

오늘의 연습 문제

1 괄호 안의 동사를 인칭대명사에 따라 어미변화 해보세요.

❶ Er _____ nichts. (geben)

❷ Sie(그녀) _____ Koreanisch. (sprechen)

❸ Du _____ zu wenig. (essen)

❹ Wir _____ die Frau. (treffen)

❺ Ihr _____ den Zug. (nehmen)

2 빈칸에 들어갈 동사의 형태를 알맞게 쓰세요.

geben (주다)			
ich	gebe	wir	geben
du	❶	ihr	❷
er / sie / es	gibt	sie / Sie	geben

nehmen ((교통수단) 타다)			
ich	❸	wir	nehmen
du	nimmst	ihr	❺
er / sie / es	❹	sie / Sie	❻

sprechen (말하다)			
ich	spreche	wir	sprechen
du	❼	ihr	❾
er / sie / es	❽	sie / Sie	sprechen

3 다음 밑줄 친 부분 중 잘못된 문장을 골라보세요.

ⓐ Ihr sprecht Spanisch.

ⓑ Wir nehmen den Bus.

ⓒ Er nimmt die Bahn.

ⓓ Spricht Sie Chinesisch?

독일 여행 Tipp!

낭만의 항구 도시, 함부르크

함부르크Hamburg는 독일 최대의 항구 도시이자, 전통과 현대가 멋지게 공존하는 곳이에요. 엘베강을 따라 펼쳐진 항구 풍경과 함께, 역사적인 창고 지구인 슈파이허슈타트Speicherstadt에서는 붉은 벽돌 건물 사이를 산책하며 독특한 분위기를 느낄 수 있어요. 근처에 위치한 엘프필하모니Elbphilharmonie는 현대 건축의 걸작이자 세계적인 공연장으로, 전망대에 오르면 도시와 강을 한눈에 내려다볼 수 있답니다.

아이들과 함께라면 미니아투어 원더랜드Miniatur Wunderland도 꼭 가보세요. 세계 최대 규모의 모형 기차 전시관으로, 누구나 즐길 수 있는 흥미로운 공간이에요. 또한 플란텐 운 블로멘Planten un Blomen 공원은 도심 속 휴식처로, 계절마다 아름다운 자연을 만날 수 있답니다!

Lektion 06

Was empfehlt ihr?
너희는 무엇을 추천해 줄래?

MP3 바로 듣기

🇩🇪 오늘의 학습 목표
- ✓ 불규칙동사 3
- ✓ 추천하기

🇩🇪 오늘의 표현
- ✓ 너희는 무엇을 추천해 줄래?   Was empfehlt ihr?
- ✓ 그는 독서를 즐겨 해.   Er liest gern.
- ✓ 그녀가 너를 본다.   Sie sieht dich.

🇩🇪 오늘의 단어

추천해 주다	empfehlen	책	Buch
보다	sehen	너를	dich
읽다	lesen	소설	Roman
훔치다	stehlen	아무것도	nichts

오늘의 회화

#1 **Was empfehlt ihr?** — 너희는 무엇을 추천해 줄래?

Wir empfehlen das Buch. — 우리는 이 책을 추천해.

#2 **Er sieht mich.** — 그가 나를 본다.

#3 **Sie liest gern Romane.** — 그녀는 소설들을 즐겨 읽는다.

#4 **Was stiehlt er denn?** — 그가 뭐를 도대체 훔쳐?

Er stiehlt nichts. — 그는 아무것도 훔치지 않아.

#5 **Was empfiehlst du?** — 너는 뭘 추천해?

Ich empfehle Deutsch! — 나는 독일어를 추천해!

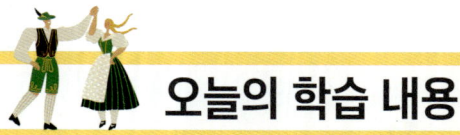

오늘의 학습 내용

1 empfehlen (추천해 주다)

empfehlen 동사는 주어가 du, er / sie / es일 때 어간에 있는 e가 ie로 바뀌는 불규칙 동사입니다.

1) empfehlen 동사의 어미 변화

ich	empfehle	wir	empfehlen
du	empfiehlst	ihr	empfehlt
er / sie / es	empfiehlt	sie / Sie	empfehlen

Ich **empfehle** das Buch. 나는 그 책을 추천한다.

Du **empfiehlst** das Buch. 너는 그 책을 추천한다.

Er/Sie/Es **empfiehlt** das Buch. 그/그녀/그것은 그 책을 추천한다.

Wir **empfehlen** das Buch. 우리는 그 책을 추천한다.

Ihr **empfehlt** das Buch. 너희는 그 책을 추천한다.

Sie **empfehlen** das Buch. 그들은/당신(들)은 그 책을 추천한다.

2) empfehlen 동사로 질문하기

한국어	무엇을 추천하니 너희는?	무엇을 추천하니 너는?
독일어	Was empfehlt ihr?	Was empfiehlst du?

❷ 또 다른 불규칙동사 (3) : 어간의 e → ie

empfehlen 동사처럼 주어가 du, er / sie / es일 때 어간에 있는 e가 ie로 바뀌는 불규칙 동사들을 추가로 배워봅시다.

1) sehen (보다)

ich	sehe	wir	sehen
du	siehst	ihr	seht
er / sie / es	sieht	sie / Sie	sehen

Ich **sehe** dich.   나는 너를 본다.

Du **siehst** mich.   너는 나를 본다.

Er/Sie/Es **sieht** dich.   그/그녀/그것은 너를 본다.

Wir **sehen** dich.   우리는 너를 본다.

Ihr **seht** dich.   너희는 너를 본다.

Sie **sehen** dich.   그들은/당신(들)은 너를 본다.

2) lesen (읽다)

lesen 동사는 어간의 끝이 s로 끝나므로 du에 대한 어미 변화에서 -st가 아닌 -t만 추가합니다.

ich	lese	wir	lesen
du	liest	ihr	lest
er / sie / es	liest	sie / Sie	lesen

Ich **lese** Romane.   나는 소설을 읽는다.

Du **liest** Romane.   너는 소설을 읽는다.

Er/Sie/Es **liest** Romane.   그/그녀/그것은 소설을 읽는다.

Wir **lesen** Romane.   우리는 소설을 읽는다.

Ihr **lest** Romane.   너희는 소설을 읽는다.

Sie **lesen** Romane.   그들은/당신(들)은 소설을 읽는다.

3) stehlen (훔치다)

ich	stehle	wir	stehlen
du	stiehlst	ihr	stehlt
er / sie / es	stiehlt	sie / Sie	stehlen

Ich **stehle** nichts.   나는 아무것도 훔치지 않는다.

Du **stiehlst** nichts.   너는 아무것도 훔치지 않는다.

Er/Sie/Es **stiehlt** nichts.   그/그녀/그것은 아무것도 훔치지 않는다.

Wir **stehlen** nichts.   우리는 아무것도 훔치지 않는다.

Ihr **stehlt** nichts.   너희는 아무것도 훔치지 않는다.

Sie **stehlen** nichts.   그들은/당신(들)은 아무것도 훔치지 않는다.

이것만은 꼭!

불규칙 동사의 경우, 어간에 e가 있다고 다 ie로 바뀌는 것은 아닙니다!

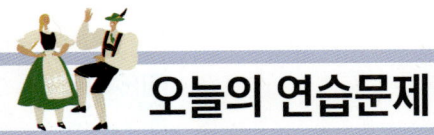

오늘의 연습문제

1 괄호 안의 동사를 인칭대명사에 따라 어미변화 해보세요.

❶ Ich _____ das Hotel. (empfehlen)

❷ Er _____ das Kind. (sehen)

❸ Du _____ gern. (lesen)

❹ Wir _____ etwas. (stehlen)

2 빈칸에 들어갈 동사의 형태를 알맞게 쓰세요.

인칭대명사	sehen (보다)	lesen (읽다)
ich	sehe	❺
du	❶	❻
er / sie / es	❷	liest
wir	sehen	❼
ihr	❸	❽
sie / Sie	❹	lesen

3 다음 밑줄 친 부분 중 <u>잘못된</u> 문장을 골라보세요.

ⓐ Ihr <u>lest</u> sehr schnell.

ⓑ Du <u>liesst</u> die Zeitung.

ⓒ Sie <u>sieht</u> das.

ⓓ Er <u>stiehlt</u> etwas.

Lektion 07

Wiederholung
1~6강 복습

MP3 바로 듣기

🇩🇪 오늘의 학습 목표
- ✓ 독일어 동사의 특징 복습하기
- ✓ 인칭대명사 복습하기
- ✓ (준)규칙동사 복습하기
- ✓ 불규칙동사 복습하기

🇩🇪 오늘의 표현
✓ 너는 어떻게 불려?	Wie heißt du?
✓ 나는 스페인에서 왔어.	Ich komme aus Spanien.
✓ 너 그러니까 지금 여행 중이구나!	Du reist also jetzt!

오늘의 회화

Hallo, mein Name ist Leo. Wie heißt du?
안녕, 내 이름은 레오야. 너는 이름이 어떻게 되니?

Hallo, ich heiße Laura. Wohnst du hier?
안녕, 내 이름은 라우라야. 너 여기에 살아?

Nein, ich komme aus Spanien und wohne dort.
아니, 나는 스페인에서 왔고 거기에 살아.

Du reist also jetzt! Viel Spaß in Deutschland!
너 그러니까 지금 여행 중이구나! 독일에서 즐거운 시간 보내!

Stimmt, ich reise jetzt. Danke schön!
맞아, 나 여행 중이야. 고마워!

 단어

Hallo 안녕(하세요) | r. Name 이름 | hier 여기 | Spanien 스페인 | dort 거기 | also 그러니까, 즉 | jetzt 지금 | Deutschland 독일 | Viel Spaß! 즐거운 시간 보내(요)!

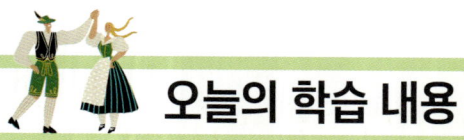

오늘의 학습 내용

❶ 인칭대명사에 따른 동사의 어미변화

인칭대명사	
ich	나
du	너
er / sie / es	그 / 그녀 / 그것
wir	우리
ihr	너희
sie / Sie	그들, 당신(들)

➡

	어미변화
어간	e
	st
	t
	en
	t
	en

❷ 준불규칙동사 (1) : 어간의 끝이 s, ss, ß, z, tz로 끝나는 동사

인칭대명사	어미변화	인칭대명사	어미변화
ich	e	wir	en
du	t	ihr	t
er / sie / es	t	sie / Sie	en

인칭대명사	heißen ~라 불리다	reisen 여행하다	hassen 싫어하다	sitzen 앉아있다
ich	heiße	reise	hasse	sitze
du	heißt	reist	hasst	sitzt
er / sie / es	heißt	reist	hasst	sitzt
wir	heißen	reisen	hassen	sitzen
ihr	heißt	reist	hasst	sitzt
sie / Sie	heißen	reisen	hassen	sitzen

❸ 준불규칙동사 (2) : 어간의 끝이 d, t, chn, fn, gn, m로 끝나는 동사

인칭대명사	어미변화	인칭대명사	어미변화
ich	e	wir	en
du	est	ihr	et
er / sie / es	et	sie / Sie	en

| 인칭대명사 | arbeiten | finden | atmen | öffnen |
	일하다	생각하다	숨쉬다	열다
ich	arbeite	finde	atme	öffne
du	arbeitest	findest	atmest	öffnest
er / sie / es	arbeitet	findet	atmet	öffnet
wir	arbeiten	finden	atmen	öffnen
ihr	arbeitet	findet	atmet	öffnet
sie / Sie	arbeiten	finden	atmen	öffnen

❹ 불규칙동사 (1) : 어간의 a → ä로 변하는 동사

인칭대명사	어미변화	인칭대명사	어미변화
ich	e	wir	en
du	ä st	ihr	t
er / sie / es	ä t	sie / Sie	en

인칭대명사	schlafen	fahren	laufen	tragen
	자다	(타고) 가다	달리다	착용하고 있다
ich	schlafe	fahre	laufe	trage
du	schläfst	fährst	läufst	trägst
er / sie / es	schläft	fährt	läuft	trägt
wir	schlafen	fahren	laufen	tragen
ihr	schlaft	fahrt	lauft	tragt
sie / Sie	schlafen	fahren	laufen	tragen

❺ 불규칙동사 (2) : 어간의 e → i로 변하는 동사

인칭대명사	어미변화	인칭대명사	어미변화
ich	e	wir	en
du	i st	ihr	t
er / sie / es	i t	sie / Sie	en

인칭대명사	sprechen	geben	essen	treffen
	말하다	주다	먹다	만나다
ich	spreche	gebe	esse	treffe
du	sprichst	gibst	isst	triffst
er / sie / es	spricht	gibt	isst	trifft
wir	sprechen	geben	essen	treffen
ihr	sprecht	gebt	esst	trefft
sie / Sie	sprechen	geben	essen	treffen

6 불규칙동사 (3) : 어간의 e → ie로 변하는 동사

인칭대명사	어미변화	인칭대명사	어미변화
ich	e	wir	en
du	ie st	ihr	t
er / sie / es	ie t	sie / Sie	en

| 인칭대명사 | empfehlen | sehen | lesen | stehlen |
	추천해 주다	보다	읽다	훔치다
ich	empfehle	sehe	lese	stehle
du	empfiehlst	siehst	liest	stiehlst
er / sie / es	empfiehlt	sieht	liest	stiehlt
wir	empfehlen	sehen	lesen	stehlen
ihr	empfehlt	seht	lest	stehlt
sie / Sie	empfehlen	sehen	lesen	stehlen

✂ **복습 퀴즈!** 제시된 빈칸을 채워 보세요.

1. Wie _____ du? — 너는 어떻게 불러?
2. Er _____ das gut. — 그는 이것을 좋다고 생각해.
3. _____ du schon? — 너는 벌써 자?
4. _____ du Deutsch? — 너는 독일어를 말하니?
5. Er _____ Blumen. — 그는 꽃들을 보고 있어.

[정답] 1. heißt | 2. findet | 3. Schläfst | 4. Sprichst | 5. sieht

실전 Test

1 다음 동사들을 불규칙 변화 형태에 따라 분류해보세요. (해당하지 않는 단어도 있습니다.)

> essen, empfehlen, schlafen, sehen, sprechen, stehlen,
> treffen, tragen, fragen, fahren, geben, nehmen, lesen

❶ 어간의 a → ä	❷ 어간의 e → i	❸ 어간의 e → ie

2 우리말 해석을 참고해서 빈칸에 알맞은 형태의 동사를 채워보세요.

❶ A: Was machst du in deiner Freizeit?   너는 너의 여가시간에 무엇을 하니?

    B: Ich _____ gern.   나는 춤을 즐겨 춰.

❷ A: Kennst du die Frau da daüben?   너 저기 있는 여자를 아니?

    B: Ja, sie _____ Anja.   응, 걔의 이름은 안야야.

❸ A: _____ du schon?   너 벌써 자?

    B: Nein, noch nicht.   아니, 아직 안 자.

3 다음 독일어 문장을 한국어로 바꿔보세요.

❶ Ich lerne Deutsch.

➡ _____

❷ Ich wohne in Berlin.

➡ _____

❸ Sie hören Musik.

➡ _____

4 다음 한국어 문장을 독일어로 바꿔보세요.

❶ 너는 어디에서 왔니?

➡ _____

❷ 너는 이름이 어떻게 되니?

➡ _____

❸ 너는 한국어를 하니?

➡ _____

정답 p.239

Lektion 08

Wir sind glücklich.
우리는 행복해.

MP3 바로 듣기

🇩🇪 오늘의 학습 목표
- ✓ 완전 불규칙동사
- ✓ 3대 기본동사 (sein, haben, werden)

🇩🇪 오늘의 표현
- ✓ 우리는 행복해.　　　　　Wir sind glücklich.
- ✓ 너 배고프니?　　　　　　Hast du Hunger?
- ✓ (날씨가) 따뜻해진다.　　Es wird warm.

🇩🇪 오늘의 단어

~이다	sein	년, 해	Jahr
가지다	haben	나이든	alt
~되다	werden	배고픔, 허기	Hunger
학생	Schüler	목마름, 갈증	Durst
행복한	glücklich	따뜻한	warm

오늘의 회화

#1 Seid ihr glücklich? — 너희는 행복하니?

Ja, wir sind glücklich. — 응, 우리는 행복해.

#2 Hast du Hunger? — 너 배고프니?

Ja, ein bisschen. — 응, 조금.

#3 Wie ist das Wetter? — 날씨가 어때?

Es wird langsam warm. — 점점 따뜻해지고 있어.

#4 Er ist 12 Jahre alt. — 그는 12살이야.

#5 Sie wird Studentin. — 그녀는 대학생이 돼.

오늘의 학습 내용

① sein (~이다)

sein 동사는 이름, 신분, 출신, 성격, 기분, 상태 등 다양한 표현을 하는 데 쓰입니다. sein 동사는 완전 불규칙 동사이기 때문에 주어와 연결하여 외우세요.

ich	bin	wir	sind
du	bist	ihr	seid
er / sie / es	ist	sie / Sie	sind

Ich **bin** Schüler(in).	나는 학생이다.
Du **bist** Schüler(in).	너는 학생이다.
Er **ist** Student.	그는 대학생이다.
Sie **ist** Studentin.	그녀는 대학생이다.
Ich **bin** glücklich.	나는 행복하다.
Du **bist** glücklich.	너는 행복하다.
Er/Sie/Es **ist** glücklich.	그는/그녀는/그것은 행복하다.
Wir **sind** glücklich.	우리는 행복하다.
Ihr **seid** glücklich.	너희는 행복하다.
Sie **sind** glücklich.	그들은/당신(들)은 행복하다.
Ich **bin** 12 Jahre alt.	나는 12살이다.
Du **bist** 12 Jahre alt.	너는 12살이다.
Er/Sie/Es **ist** 12 Jahre alt.	그는/그녀는/그것은 12살이다.
Wir **sind** 12 Jahre alt.	우리는 12살이다.
Ihr **seid** 12 Jahre alt.	너희는 12살이다.
Sie **sind** 12 Jahre alt.	그들은/당신(들)은 12살이다.

- **sein 동사로 질문하기**

한국어	너는 몇 살이니?	당신은 나이가 어떻게 되세요?
독일어	Wie alt bist du?	Wie alt sind Sie?

② haben (가지다)

haben 동사도 완전 불규칙 동사입니다. 주어 du, er에서 어간의 b가 사라집니다.

ich	habe	wir	haben
du	hast	ihr	habt
er / sie / es	hat	sie / Sie	haben

Ich **habe** Hunger.　　　　　　　나는 배고프다.

Du **hast** Hunger.　　　　　　　너는 배고프다.

Er/Sie/Es **hat** Hunger.　　　　그는/그녀는/그것은 배고프다.

Wir **haben** Hunger.　　　　　 우리는 배고프다.

Ihr **habt** Hunger.　　　　　　 너희는 배고프다.

Sie **haben** Hunger.　　　　　 그들은/당신(들)은 배고프다.

Ich **habe** Durst.　　　　　　　나는 목이 마르다.

Du **hast** Durst.　　　　　　　 너는 목이 마르다.

Er/Sie/Es **hat** Durst.　　　　 그는/그녀는/그것은 목이 마르다.

Wir **haben** Durst.　　　　　　우리는 목이 마르다.

Ihr **habt** Durst.　　　　　　　너희는 목이 마르다.

Sie **haben** Durst.　　　　　　그들은/당신(들)은 목이 마르다.

- **haben 동사로 질문하기**

한국어	너는 배고프니?	너희들 배고프니?
독일어	Hast du Hunger?	Habt ihr Hunger?

❸ werden (~되다)

werden 동사도 완전 불규칙 동사입니다. 주어가 du, er, ihr일 때 주의하세요.

ich	werde	wir	werden
du	wirst	ihr	werdet
er / sie / es	wird	sie / Sie	werden

Ich **werde** Student(in).	나는 대학생이 된다.
Du **wirst** Schüler(in).	너는 학생이 된다.
Er/Sie/Es **wird** Student(in).	그는/그녀는/그것은 대학생이 된다.
Ich **werde** glücklich.	나는 행복해질 것이다.
Du **wirst** glücklich.	너는 행복해질 것이다.
Er/Sie/Es **wird** glücklich.	그는/그녀는/그것은 행복해질 것이다.
Wir **werden** glücklich.	우리는 행복해질 것이다.
Ihr **werdet** glücklich.	너희는 행복해질 것이다.
Sie **werden** glücklich.	그들은/당신(들)은 행복해질 것이다.
Es **wird** warm.	날씨가 따뜻해질 것이다.

오늘의 연습문제

1 빈칸에 알맞은 형태의 **sein** 동사를 넣으세요.

❶ Ich _____ Lena.

❷ Wir _____ Freunde.

❸ Er _____ mein Lehrer.

❹ _____ Sie Herr Kim?

2 빈칸에 알맞은 형태의 **haben** 동사를 넣으세요.

❶ Du _____ ein Buch.

❷ Er _____ ein Kind.

❸ _____ Sie Kinder?

❹ _____ ihr Hunger?

3 다음 밑줄 친 부분 중 잘못된 문장을 골라보세요.

ⓐ Es <u>werdet</u> kühler.

ⓑ Die Kinder <u>sind</u> süß.

ⓒ Er <u>hat</u> Durst.

ⓓ <u>Bist</u> du verheiratet?

정답 p.239

Lektion 08 Wir sind glücklich. 97

Lektion 09

Was ist das?
이게 뭐야?

MP3 바로 듣기

🇩🇪 오늘의 학습 목표
- ✓ 정관사 주어 (1격)
- ✓ 부정관사 주어 (1격)
- ✓ 명사의 성

🇩🇪 오늘의 표현
✓ 이게 뭐야?	Was ist das?
✓ 이것은 (하나의) 연필이다.	Das ist ein Bleistift.
✓ 그 연필은 길다.	Der Bleistift ist lang.

🇩🇪 오늘의 단어

연필	r. Bleistift	문	e. Tür
공책	s. Heft	의자	r. Stuhl
안경	e. Brille	창문	s. Fenster
책상	r. Tisch	마우스	e. Maus
핸드폰	s. Handy	신발(복수형)	Pl. Schuhe
긴	lang	짧은	kurz
큰	groß	작은	klein
오래된	alt	새것의	neu

오늘의 회화

#1
Was ist das? 이게 뭐야?

Das ist ein Stuhl. 이건 의자야.

#2
Was ist das? 이게 뭐야?

Das ist eine Katze. 이건 고양이야.

#3
Was ist das? 이게 뭐야?

Das ist ein Heft. 이건 공책이야.

#4
Wie ist das Handy? 그 핸드폰은 어때요?

Das Handy ist neu. 그것은 새 거야.

#5
Wie ist die Maus? 그 마우스는 어때요?

Die Maus ist alt. 그것은 오래됐어.

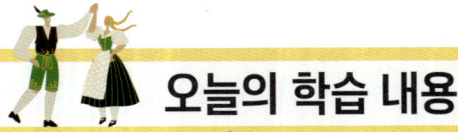

오늘의 학습 내용

❶ 질문하기

한국어	이것은 무엇입니까?	그것은 어떻습니까?
독일어	Was ist das?	Wie ist das?

❷ 부정관사

'하나의' 또는 '어느'의 뜻으로 명사를 처음 언급할 때 쓰는 관사입니다.

1격	남성	중성	여성	복수
	ein	ein	eine	-

TIPP 복수명사는 ein을 못 쓰므로 관사 없이 씁니다!

1) 부정관사 + 남성명사

Das ist **ein** Bleistift.　　　　　　이것은 연필이다.

Das ist **ein** Tisch.　　　　　　　이것은 책상이다.

Das ist **ein** Stuhl.　　　　　　　이것은 의자이다.

2) 부정관사 + 중성명사

Das ist **ein** Heft.　　　　　　　이것은 공책이다.

Das ist **ein** Handy.　　　　　　이것은 휴대폰이다.

Das ist **ein** Fenster.　　　　　　이것은 창문이다.

3) 부정관사 + 여성명사

Das ist **eine** Brille.　　　　　　이것은 안경이다.

Das ist **eine** Tür.　　　　　　　이것은 문이다.

4) 복수명사는 부정관사 없이 사용

Das sind Schuhe.　　　　　　　이것들은 신발(들)이다.

③ 정관사

'이, 그, 저'의 뜻으로 명사를 두 번째 언급하거나 일반적으로 붙이는 관사입니다.

1격	남성	중성	여성	복수
	der	das	die	die

1) 정관사 + 남성명사

Der Bleistift ist lang.　　　　　그 연필은 길다.

Der Tisch ist groß.　　　　　　그 책상은 크다.

Der Stuhl ist kurz.　　　　　　그 의자는 짧다.

2) 정관사 + 중성명사

Das Heft ist klein.　　　　　　그 공책은 작다.

Das Handy ist neu.　　　　　　그 휴대폰은 새것이다.

Das Fenster ist alt.　　　　　　그 창문은 오래되었다.

3) 정관사 + 여성명사

Die Brille ist alt.   그 안경은 오래되었다.

Die Tür ist alt.   그 문은 오래되었다.

4) 정관사 + 복수명사

Die Schuhe sind groß.   그 신발은 크다.

이것만은 꼭!

☆ **명사의 성과 수**

독일어에서 모든 명사는 남성, 여성, 중성 중 하나의 성을 가집니다. 따라서 명사의 성을 모두 알아야 합니다. 명사들 중 -er, -or로 끝나면 남성 명사가 많다거나, -e로 끝나면 여성 명사가 많은 등 어느 정도의 규칙성은 있습니다. 또한 명사에는 단수형과 복수형이 존재하는데, 복수형을 만드는 방법은 여러 가지이며 규칙도 다양합니다. 규칙을 개별적으로 외우기보다는 명사 단어 하나하나를 학습할 때 의미, 성별, 복수 형태까지 통으로 암기하는 것이 효과적입니다.

오늘의 연습문제

1 빈칸에 들어갈 부정관사를 올바른 형태로 쓰세요.

❶ Das ist _____ Tisch.

❷ Das ist _____ Maus.

❸ Das ist _____ Heft.

2 빈칸에 들어갈 정관사를 올바른 형태로 쓰세요.

❶ _____ Katze ist süß.

❷ _____ Handy ist neu.

❸ _____ Bleistift ist lang.

3 다음 문장에서 여성명사를 찾아 관사와 함께 동그라미 하세요.

❶ Das ist ein Ball. Der Ball ist rund.

❷ Hier ist eine CD. Die CD ist auch rund.

❸ Ist das eine Schere? – Nein, das ist ein Radiergummi.

정답 p.240

Lektion 10

Ich finde den Mann schön.
나는 그 남자를 멋지다고 생각해.

MP3 바로 듣기

🇩🇪 오늘의 학습 목표
- ✓ 정관사 목적어 (4격)
- ✓ 부정관사 목적어 (4격)

🇩🇪 오늘의 표현
- ✓ 나는 그 남자를 멋지다고 생각해.   Ich finde den Mann schön.
- ✓ 너는 하나의 연필을 가지고 있다.   Du hast einen Bleistift.
- ✓ 그는 한 명의 아이를 가지고 있다.   Er hat ein Kind.

🇩🇪 오늘의 단어

남자	r. Mann	가위	e. Schere
연필	r. Bleistift	남자형제	r. Bruder
아이	s. Kind	자매	e. Schwester
공책	s. Heft	아들	r. Sohn
가방	e. Tasche	딸	e. Tochter
멋진(예쁜)	schön	못생긴, 추한	hässlich
세련된	modern	구식의(촌스러운)	altmodisch

오늘의 회화

  **Hast du Kinder?** 너는 아이가 있니?

 **Ja, ich habe einen Sohn.** 응, 나는 아들 하나 있어.

  **Hast du Geschwister?** 너는 형제자매가 있니?

 Ja, ich habe eine Schwester. 응, 나는 언니 하나 있어.

  **Sie hat ein Kind. Sie liebt das Kind.**
그녀는 아이가 한 명 있다. 그녀는 그 아이를 사랑한다.

  **Ich habe eine Tasche. Ich finde die Tasche modern.**
나는 하나의 가방을 가지고 있다. 나는 그 가방을 세련됐다고 생각한다.

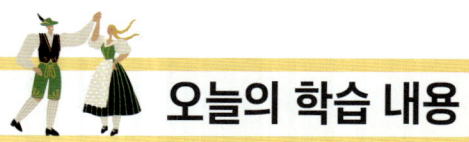

오늘의 학습 내용

① 부정관사

'하나의' 또는 '어느'의 뜻으로 명사를 처음 언급할 때 쓰는 관사입니다.

4격 (~을/를)	남성	중성	여성	복수
	einen	ein	eine	-

TIPP 중성과 여성은 1격과 형태가 같습니다! 남성만 주의!

1) 부정관사 + 남성명사

Ich habe **einen** Mann.	나는 하나의 남편을 가지고 있다.
Hast du **einen** Bleistift?	너는 하나의 연필을 가지고 있니?
Wir haben **einen** Bruder.	우리는 한 명의 남자형제를 가지고 있다.
Sie hat **einen** Sohn.	그녀는 하나의 아들을 가지고 있다.

2) 부정관사 + 중성명사

Ich habe **ein** Kind.	나는 한 명의 아이를 가지고 있다.
Sie hat **ein** Heft.	그녀는 하나의 공책을 가지고 있다.

3) 부정관사 + 여성명사

Ich habe **eine** Tasche.	나는 하나의 가방을 가지고 있다.
Habt ihr **eine** Schere?	너희는 하나의 가위를 가지고 있니?
Wir haben **eine** Schwester.	우리는 한 명의 자매를 가지고 있다.
Sie hat **eine** Tochter.	그녀는 하나의 딸을 가지고 있다.

② 정관사

'이, 그, 저'의 뜻으로 명사를 두 번째 언급하거나 일반적으로 붙이는 관사입니다.

4격 (~을/를)	남성	중성	여성	복수
	den	das	die	die

★TIPP 중성과 여성, 복수는 1격과 형태가 같습니다! 남성만 주의!

1) 정관사 + 남성명사

Ich finde **den** Mann schön. 나는 그 남자를 멋지다고 생각한다.

Hast du **den** Bleistift? 너는 그 연필을 가지고 있니?

Wir treffen **den** Bruder. 우리는 그 남자형제를 만난다.

Sie sieht **den** Sohn. 그녀는 그 아들을 본다.

2) 정관사 + 중성명사

Er liebt **das** Kind. 그는 그 아이를 사랑한다.

Sie hat **das** Heft. 그녀는 그 공책을 가지고 있다.

3) 정관사 + 여성명사

Ich habe **die** Tasche. 나는 그 가방을 가지고 있다.

Habt ihr **die** Schere? 너희는 그 가위를 가지고 있니?

Wir lieben **die** Schwester. 우리는 그 자매를 사랑한다.

Sie liebt **die** Tochter. 그녀는 그 딸을 사랑한다.

③ 부정관사, 정관사 복습하기

1) 부정관사

1격 (~은/는/이/가)	남성	중성	여성	복수
	ein	ein	eine	-
4격 (~을/를)	남성	중성	여성	복수
	einen	ein	eine	-

2) 정관사

1격 (~은/는/이/가)	남성	중성	여성	복수
	der	das	die	die
4격 (~을/를)	남성	중성	여성	복수
	den	das	die	die

MEMO

오늘의 연습문제

1 빈칸에 들어갈 부정관사를 올바른 형태로 쓰세요.

① Ich habe _____ Bruder.

② Du hast _____ Kind.

③ Er hat _____ Schwester.

2 빈칸에 들어갈 정관사를 올바른 형태로 쓰세요.

① Ich finde _____ Katze süß.

② Er hat _____ Handy.

③ Wir haben _____ Bleistift.

④ Ich sehe _____ Kinder.

3 다음 문장에서 4격 명사를 찾아 관사와 함께 동그라미 하세요.

① Das ist meine Familie. Das ist mein Mann.

② Ich habe einen Sohn und eine Tochter.

③ Ich liebe die Kinder.

정답 p.240

Lektion 10 Ich finde den Mann schön. 109

Lektion 11

Sie sind Studentinnen.
그들은 여대생이야.

MP3 바로 듣기

🇩🇪 오늘의 학습 목표
- ✓ 복수명사
- ✓ 합성명사

🇩🇪 오늘의 표현
✓ 그들은 여대생이야.	Sie sind Studentinnen.
✓ 오늘은 나의 생일이야.	Heute ist mein Geburtstag.
✓ 나는 두 명의 오빠를 가지고 있어.	Ich habe zwei Brüder.

🇩🇪 오늘의 단어

여대생들	Studentinnen	아이들	Kinder
남자형제들	Brüder	유치원	Kindergarten
자매들	Schwestern	카트	Einkaufswagen
남자들	Männer	책장	Bücherregal
여자들	Frauen	생일	Geburtstag

오늘의 회화

  Was machen sie? — 그들은 무엇을 해?

 Sie sind Studentinnen. — 그들은 여대생이야.

  Die Tische sind schön! — 그 책상들 예쁘다!

 Ich finde das Bücherreagl gut. — 나는 이 책장을 좋다고 생각해.

  Sie hat zwei Schwestern. — 그녀는 두 명의 언니가 있다.

 Er hat drei Brüder. — 그는 세 명의 형이 있다.

  Haben Sie Kinder? — 아이가 있으신가요?

 Ja, ich habe zwei Kinder. — 네, 저는 두 명의 아이들이 있어요.

오늘의 학습 내용

1 복수형의 형태

1) 단수와 형태가 똑같거나 변모음만 추가 (-er, -el, -en)

단수형		복수형	
선생님	r. Lehr**er**	선생님들	Pl. Lehr**er**
케이크	r. Kuch**en**	케이크들	Pl. Kuch**en**
소녀	s. Mädch**en**	소녀들	Pl. Mädch**en**
빵	s. Brötch**en**	빵들	Pl. Brötch**en**
남자형제	r. Brud**er**	남자형제들	Pl. Br**ü**d**er**

2) e를 붙이거나 '변모음 + e' (남성명사)

단수형		복수형	
식탁	r. Tisch	식탁들	Pl. Tisch**e**
의자	r. Stuhl	의자들	Pl. St**ü**hl**e**
물고기	r. Fisch	물고기들	Pl. Fisch**e**
옷장	r. Schrank	옷장들	Pl. Schr**ä**nk**e**
선반	s. Regal	선반들	Pl. Regal**e**

3) er을 붙이거나 '변모음 + er' (중성명사)

단수형		복수형	
아이	s. Kind	아이들	Pl. Kind**er**
책	s. Buch	책들	Pl. B**ü**ch**er**
사진, 그림	s. Bild	사진들, 그림들	Pl. Bild**er**
노래	s. Lied	노래들	Pl. Lied**er**
남자	r. Mann	남자들	Pl. M**ä**nn**er**

4) n이나 en을 붙임 (여성명사)

단수형		복수형	
가방	e. Tasche	가방들	Pl. Taschen
자매	e. Schwester	자매들	Pl. Schwestern
여자	e. Frau	여자들	Pl. Frauen
연습	e. Übung	연습들	Pl. Übungen
이름	r. Name	이름들	Pl. Namen

5) s를 붙임 (외래어, -a, -i, -o)

단수형		복수형	
카메라	e. Kamera	카메라들	Pl. Kameras
휴대폰	s. Handy	휴대폰들	Pl. Handys
볼펜	r. Kuli	볼펜들	Pl. Kulis
사무실	s. Büro	사무실들	Pl. Büros
호텔	s. Hotel	호텔들	Pl. Hotels

6) 그 외

단수형		복수형	
여대생	e. Studentin	여대생들	Pl. Studentinnen
여교사	e. Lehrerin	여교사들	Pl. Lehrerinnen
주제	s. Thema	주제들	Pl. Themen
박물관	s. Museum	박물관들	Pl. Museen
실습	s. Praktikum	실습들	Pl. Praktika

❷ 합성명사

합성명사는 마지막 명사가 성을 결정해요.

Pl. Kinder	➕	r. Garten	➖	r. Kindergarten
r. Einkauf	➕ s ➕	r. Wagen	➖	r. Einkauf**s**wagen
Pl. Bücher	➕	s. Regal	➖	s. Bücherregal
e. Geburt	➕ s ➕	r. Tag	➖	r. Geburt**s**tag

Meine Tochter geht in den Kindergarten.
저의 딸은 유치원에 다녀요.

Das Kind schiebt den Einkaufswagen.
그 아이가 카트를 민다.

Das Bücherregal ist schön!
그 책장 예쁘다!

Heute ist mein Geburtstag.
오늘은 나의 생일이야.

MEMO

오늘의 연습문제

1 다음 단어의 복수형을 적어보세요.

❶ r. Lehrer (선생님) ➡ _____

❷ r. Stuhl (의자) ➡ _____

❸ s. Lied (노래) ➡ _____

❹ r. Schüler (학생) ➡ _____

❺ s. Handy (핸드폰) ➡ _____

❻ e. Studentin (여대생) ➡ _____

2 다음 단어로 합성명사를 만들고 합성 명사의 성을 함께 적어보세요.

❶ e. Kunst (예술) + s. Museum (박물관)

➡ _____ (미술관)

❷ r. Gummi (고무) + s. Bärchen (작은 곰)

➡ _____ (곰젤리)

❸ e. Wörter (단어들) + s. Buch (책)

➡ _____ (사전)

❹ e. Hand (손) + e. Schuhe (신발들)

➡ _____ (장갑)

정답 p.240

Lektion 11 Sie sind Studentinnen.

Lektion 12

Wiederholung
8~11강 복습

MP3 바로 듣기

🇩🇪 오늘의 학습 목표
- ✓ 완전 불규칙동사 복습하기
- ✓ 부정관사 1격/4격 복습하기
- ✓ 정관사 1격/4격 복습하기
- ✓ 복수의 형태 복습하기

🇩🇪 오늘의 표현
- ✓ 나는 그 아기를 귀엽다고 생각해!   Ich finde das Baby süß!
- ✓ 너는 형제자매를 가지고 있니?   Hast du Geschwister?
- ✓ 나는 여자형제를 하나 가지고 있어.   Ich habe eine Schwester.

오늘의 회화

Wer ist das auf dem Foto?
사진에 누구야?

Das ist mein Bruder Levin. Er ist 3 Jahre alt.
내 남동생 레빈이야. 그 애는 3살이야.

Ich finde das Baby ganz süß!
그 아기 완전 귀엽다!

Danke. Hast du auch Geschwister?
고마워. 너도 형제자매가 있니?

Ja, ich habe eine Schwester.
응, 나는 누나 한 명 있어.

 단어

wer 누구 | s. Foto 사진 | mein 나의 | r. Bruder 형, 오빠, 남동생 | finde (finden 동사 1인칭 단수) ~라고 생각하다 | s. Baby 아기 | ganz 아주, 완전히 | süß 귀여운, 달콤한 | Pl. Geschwister 형제자매 | e. Schwester 자매

오늘의 학습 내용

1 **완전 불규칙 동사**

인칭대명사	sein ~이다	haben 가지다	werden ~되다
ich	bin	habe	werde
du	bist	hast	wirst
er / sie / es	ist	hat	wird
wir	sind	haben	werden
ihr	seid	habt	werdet
sie / Sie	sind	haben	werden

Ich **bin** Schüler(in).   나는 학생이다.

Du **bist** Schüler(in).   너는 학생이다.

Er **ist** Student.   그는 대학생이다.

Ich **habe** Hunger.   나는 배고프다.

Du **hast** Hunger.   너는 배고프다.

Er/Sie/Es **hat** Hunger.   그는/그녀는/그것은 배고프다.

Ich **werde** Student(in).   나는 대학생이 된다.

Du **wirst** Schüler(in).   너는 학생이 된다.

Er/Sie/Es **wird** Student(in).   그는/그녀는/그것은 대학생이 된다.

❷ 부정관사

'하나의' 또는 '어느'의 뜻으로 명사를 처음 언급할 때 쓰는 관사입니다.

1) 부정관사 1격

1격	남성	중성	여성	복수
	ein	ein	eine	-

TIPP 복수명사는 ein을 못 쓰므로 관사 없이 씁니다!

Das ist **ein** Bleistift. 이것은 연필이다.

Das ist **ein** Heft. 이것은 공책이다.

Das ist **eine** Brille. 이것은 안경이다.

Das sind Schuhe. 이것들은 신발이다.

2) 부정관사 4격

4격	남성	중성	여성	복수
	einen	ein	eine	-

TIPP 중성과 여성은 1격과 형태가 같습니다! 남성만 주의!

Ich habe **einen** Mann. 나는 하나의 남편을 가지고 있다.

Ich habe **ein** Kind. 나는 한 명의 아이를 가지고 있다.

Ich habe **eine** Tasche. 나는 하나의 가방을 가지고 있다.

❸ 정관사

'이, 그, 저'의 뜻으로 명사를 두 번째 언급하거나 일반적으로 붙이는 관사입니다.

1) 정관사 1격

1격	남성	중성	여성	복수
	der	das	die	die

Der Bleistift ist lang.   연필은 길다.

Das Heft ist klein.   공책은 작다.

Die Brille ist alt.   안경은 오래되었다.

Die Schuhe sind groß.   신발은 크다.

2) 정관사 4격

4격	남성	중성	여성	복수
	den	das	die	die

TIPP 중성과 여성, 복수는 1격과 형태가 같습니다! 남성만 주의!

Ich finde **den** Mann schön.   나는 그 남자를 멋지다고 생각한다.

Er liebt **das** Kind.   그는 그 아이를 사랑한다.

Ich habe **die** Tasche.   나는 그 가방을 가지고 있다.

④ 복수의 형태

형태 1	똑같거나 변모음만 (-er, -el, -en)
형태 2	e를 붙이거나 변모음 + e (남성)
형태 3	er을 붙이거나 변모음 + er (중성)
형태 4	n이나 en (여성)
형태 5	s (외래어, -a, -i, -o)
형태 6	그 외

⑤ 합성명사

합성명사는 마지막 명사가 성을 결정해요.

Pl. Kinder	➕		r. Garten	＝	r. Kindergarten
r. Einkauf	➕	s ➕	r. Wagen	＝	r. Einkaufswagen
Pl. Bücher	➕		s. Regal	＝	s. Bücherregal
e. Geburt	➕	s ➕	r. Tag	＝	r. Geburtstag

> **복습 퀴즈!** 제시된 빈칸을 채워 보세요.
>
> 1. Ich _____ glücklich.   나는 행복해.
> 2. _____ du Durst?   너는 목이 마르니?
> 3. Er _____ Vater.   그는 아빠가 된다.
> 4. Sie hat _____ Handy.   그녀는 휴대폰을 하나 가지고 있다.
> 5. _____ Handy ist neu.   그 휴대폰은 새것이다.

[정답] 1. bin | 2. Hast | 3. wird | 4. ein | 5. Das

실전 Test

1 독일어에서 가장 중요한 3대 기본 동사를 인칭대명사에 맞게 변화시켜 보세요.

인칭대명사	sein (~이다)	haben (가지다)	werden (~되다)
ich	❶	❷	❸
du	❹	❺	❻
er / sie / es	❼	❽	❾
wir	❿	⓫	⓬
ihr	⓭	⓮	⓯
sie / Sie	⓰	⓱	⓲

2 빈칸에 알맞은 관사를 넣어보세요.

❶ _____ Mann steht dort.　　　　　남자 하나가 저기 서 있다.

　Ich kenne _____ Mann.　　　　　나는 그 남자를 안다.

❷ Hier liegt _____ Tasche.　　　　여기 가방 하나가 놓여 있다.

　Du kaufst _____ Tasche.　　　　너는 그 가방을 산다.

❸ _____ Kind schläft auf dem Boden.　한 아이가 바닥에서 자고 있다.

　Ich wecke _____ Kind.　　　　　나는 그 아이를 깨운다.

3 다음 예시와 같이 명사의 성과 복수형을 적어보세요.

| 예) Vater (아버지) ➡ __Väter (남성)__ |

❶ Ei (달걀) ➡ _____

❷ Blume (꽃) ➡ _____

❸ Haus (집) ➡ _____

❹ Schüler (학생) ➡ _____

4 다음 합성명사의 성을 적어보세요.

합성 전 명사	합성명사	합성명사의 성
s. Buch (책) + r. Laden (가게, 상점)	Buchladen (서점)	❶
s. Geld (돈) + e. Börse (지갑, 가방)	Geldbörse (지갑)	❷
r. Geburtstag (생일) + s + s. Kind (아이)	Geburtstagskind (생일을 맞은 아이)	❸

정답 p.240

Lektion 12 Wiederholung

Sie liebt ihn.
그녀는 그를 사랑해.

MP3 바로 듣기

🇩🇪 오늘의 학습 목표
- ✓ 인칭대명사 4격
- ✓ 4격 지배 동사

🇩🇪 오늘의 표현
- ✓ 그녀는 그를 사랑해. Sie liebt ihn.
- ✓ 내가 너에게 부탁할게. Ich bitte dich.
- ✓ 너는 그녀를 좋아하니? Magst du sie?

🇩🇪 오늘의 단어

사랑하다	lieben	싫어하다	hassen
좋아하다	mögen	보다	sehen
사다	kaufen	읽다	lesen
팔다	verkaufen	질문하다	fragen
필요로 하다	brauchen	부탁하다	bitten

오늘의 회화

#1

Magst du ihn? 너는 그를 좋아해?

Nein, ich hasse ihn. 아니, 나는 그를 싫어해.

#2

Du verkaufst sie. 너는 그것들을 판다.

Ich kaufe sie. 나는 그것들을 산다.

#3

Er sieht dich. 그가 너를 보고 있어.

Nein, er sieht uns. 아냐, 그는 우리를 봐.

#4

Ich frage sie. 나는 그녀에게 물어본다.

#5

Fragst du mich nicht? 나한테 안 물어봐?

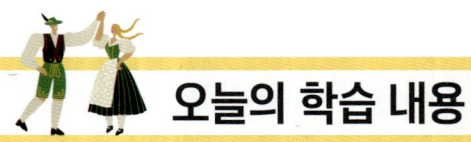

오늘의 학습 내용

① 1 & 4격 인칭대명사

1격은 주어로 사용되고, 4격은 직접 목적어로 사용됩니다.

인칭대명사 1격		인칭대명사 4격	
ich	나는	mich	나를
du	너는	dich	너를
er	그는	ihn	그를
sie	그녀는	sie	그녀를
es	그것은	es	그것을
wir	우리는	uns	우리를
ihr	너희는	euch	너희를
sie	그들은	sie	그들을
Sie	당신(들)은	Sie	당신(들)을

② 4격 인칭대명사로 문장 만들기

1) lieben (사랑하다)

Ich **liebe** dich.　　　　　　　나는 너를 사랑해.

Er **liebt** mich.　　　　　　　 그는 나를 사랑해.

Sie **liebt** ihn.　　　　　　　　그녀는 그를 사랑해.

2) mögen (좋아하다)

Ich **mag** euch.　　　　　　　나는 너희를 좋아해.

Er **mag** sie.　　　　　　　　그는 그들을 좋아해.

Magst du sie?　　　　　　　너는 그녀를 좋아하니?

3) kaufen (사다)

Da ist ein Heft. Er **kauft** es.   저기 공책이 하나 있다. 그는 그것을 산다.

Hier ist der Stuhl. Sie **kauft** ihn.   여기 그 의자가 있다. 그녀는 그것을 산다.

Das ist eine Schere. Ich **kaufe** sie.   이것은 하나의 가위이다. 나는 그것을 산다.

4) verkaufen (팔다)

Ich habe ein Auto. Ich **verkaufe** es.   나는 차 한 대를 가지고 있다. 나는 그것을 판다.

Das ist ein Tisch. Er **verkauft** ihn.   이것은 하나의 책상이다. 그는 그것을 판다.

Das ist eine Tasche. Du **verkaufst** sie.   이것은 하나의 가방이다. 너는 그것을 판다.

5) hassen (싫어하다)

Du **hasst** mich.   너는 나를 싫어한다.

Sie **hasst** euch.   그녀는 너희를 싫어한다.

Ihr **hasst** sie.   너희는 그들을 싫어한다.

이것만은 꼭!

☆ **mögen** 동사의 어미 변화

ich	mag	wir	mögen
du	magst	ihr	mögt
er / sie / es	mag	sie / Sie	mögen

6) sehen (보다)

Du **siehst** sie.　　　　　　　　너는 그녀를 보고 있다.

Er **sieht** uns.　　　　　　　　그는 우리를 보고 있다.

Wir **sehen** dich.　　　　　　　우리는 너를 보고 있다.

7) lesen (읽다)

Ich habe ein Buch. Ich **lese** es.　　　나는 책 한 권을 가지고 있다. 나는 그것을 읽는다.

Das ist eine Zeitung. Sie **liest** sie.　이것은 하나의 신문이다. 그녀는 그것을 읽는다.

Hier ist der Roman. Du **liest** ihn.　　여기 그 소설이 있다. 너는 그것을 읽는다.

8) fragen (질문하다)

Ich **frage** dich.　　　　　　　나는 너에게 질문한다.

Du **fragst** sie.　　　　　　　　너는 그녀에게 질문한다.

Sie **fragen** euch.　　　　　　　그들이 너희에게 질문한다.

> **★TIPP** 우리말로는 '~에게 질문하다'이지만 독일어에서는 4격 목적어와 함께 사용합니다.

9) bitten (부탁하다)

Ich **bitte** Sie.　　　　　　　　나는 당신에게 부탁합니다.

Er **bittet** uns.　　　　　　　　그가 우리에게 부탁한다.

Du **bittest** ihn.　　　　　　　너는 그에게 부탁한다.

> **★TIPP** 우리말로는 '~에게 부탁하다'이지만 독일어에서는 4격 목적어와 함께 사용합니다.

오늘의 연습문제

1 빈칸에 들어갈 인칭대명사를 쓰세요.

❶ Kaufst du das Brötchen? – Ja, ich kaufe _____.

❷ Kennst du den Mann? – Ja, ich kenne _____.

❸ Liebst du deine Frau? – Ja, ich liebe _____.

❹ Lesen Sie die Bücher? – Ja, ich lese _____.

❺ Magst du die Lehrerin? – Ja, ich mag _____.

2 빈칸에 들어갈 인칭대명사를 쓰세요.

1격	4격	1격	4격
ich	❶	wir	❻
du	❷	ihr	❼
er	❸	sie	❽
sie	❹	Sie	❾
es	❺		

3 밑줄 친 부분의 쓰임이 옳지 <u>않은</u> 것은?

ⓐ Warum fragst du <u>mich</u> nicht?

ⓑ Die Frau? Ich kenne <u>sie</u> nicht.

ⓒ Der Film? Ich finde <u>er</u> gut.

ⓓ Das Büro? Ich mag <u>es</u>.

정답 p.241

MP3 바로 듣기

Wie geht es dir?
어떻게 지내?

🇩🇪 오늘의 학습 목표
- ✓ 인칭대명사 3격
- ✓ 3격 지배 동사

🇩🇪 오늘의 표현
- ✓ 어떻게 지내?   Wie geht es dir?
- ✓ 당신은 잘 지내시나요?   Geht es Ihnen gut?
- ✓ 그가 나를 도와줘.   Er hilft mir.

🇩🇪 오늘의 단어

~하게 지내다	es geht + 3격	매우 잘	sehr gut
도움을 주다	helfen	그저 그런	so lala
사주다	kaufen	선물	s. Geschenk
선물해주다	schenken	꽃	e. Blume
주다	geben	케이크	r. Kuchen

오늘의 회화

#1 **Hilfst du ihm?** 너는 그에게 도움을 주니?

Nein, ich helfe ihr. 아니, 나는 그녀에게 도움을 줘.

#2 **Wie geht es dir?** 어떻게 지내?

Es geht mir sehr gut. 나는 아주 잘 지내.

#3 **Wie geht es ihr?** 그녀는 어떻게 지내?

Es geht ihr nicht gut. 그녀는 잘 지내지 못해.

#4 **Was kaufst du Tim?** 너는 팀에게 무엇을 사줘?

Ich schenke ihm ein Buch. 나는 그에게 책 한 권을 선물해.

#5 **Ich gebe euch die Blume.** 나는 너희에게 그 꽃을 준다.

Er gibt uns ein Geschenk. 그는 우리에게 선물을 하나 준다.

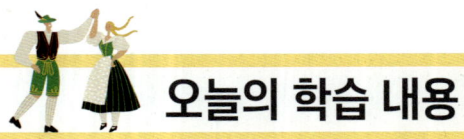

오늘의 학습 내용

① 1 & 3격 인칭대명사

3격은 간접 목적어로 사용됩니다.

인칭대명사 1격		인칭대명사 3격	
ich	나는	mir	나에게
du	너는	dir	너에게
er	그는	ihm	그에게
sie	그녀는	ihr	그녀에게
es	그것은	ihm	그것에게
wir	우리는	uns	우리에게
ihr	너희는	euch	너희에게
sie	그들은	ihnen	그들에게
Sie	당신(들)은	Ihnen	당신(들)에게

② 3격 인칭대명사로 문장 만들기

1) es geht + 3격 (~하게 지내다)

Wie **geht es** dir? — 너는 어떻게 지내?

Wie **geht es** Ihnen? — 당신은 어떻게 지내세요?

Es geht mir sehr gut. — 나는 아주 잘 지내.

Wie **geht es** euch? — 너희는 어떻게 지내?

Es geht uns gut. — 우리는 잘 지내.

Es geht ihnen so lala. — 그들은 그냥 그렇게 지내.

2) helfen (도움을 주다)

ich	helfe	wir	helfen
du	hilfst	ihr	helft
er / sie / es	hilft	sie / Sie	helfen

Ich **helfe** dir. 　　　　　　　　　내가 너에게 도움을 줄게.

Er **hilft** ihr. 　　　　　　　　　그가 그녀에게 도움을 준다.

Sie **helfen** euch. 　　　　　　그들이 너희에게 도움을 준다.

> **TIPP** 우리말로는 '~를 돕다'이지만 독일어에서는 3격 목적어와 함께 사용하므로 '~에게 도움을 주다'로 생각해 보세요.

3) kaufen (사주다)

ich	kaufe	wir	kaufen
du	kaufst	ihr	kauft
er / sie / es	kauft	sie / Sie	kaufen

Ich **kaufe** ihm einen Bleistift. 　　나는 그에게 연필 한 자루를 사준다.

Er **kauft** uns das Heft. 　　　　　그는 우리에게 그 공책을 사준다.

Ich **kaufe** ihr die Blume. 　　　　나는 그녀에게 그 꽃을 사준다.

4) schenken (선물하다)

ich	schenke	wir	schenken
du	schenkst	ihr	schenkt
er / sie / es	schenkt	sie / Sie	schenken

Du **schenkst** ihnen die Blume.   너는 그들에게 그 꽃을 선물한다.

Er **schenkt** euch das Buch.   그는 너희에게 그 책을 선물한다.

Ich **schenke** ihr den Kuchen.   나는 그녀에게 그 케이크를 선물한다.

5) geben (주다)

ich	gebe	wir	geben
du	gibst	ihr	gebt
er / sie / es	gibt	sie / Sie	geben

Ich **gebe** ihnen das Geschenk.   나는 그들에게 그 선물을 준다.

Sie **gibt** ihm den Kuchen.   그녀는 그에게 그 케이크를 준다.

Du **gibst** uns ein Geschenk.   너는 우리에게 선물을 하나 준다.

MEMO

오늘의 연습문제

1 빈칸에 들어갈 인칭대명사를 쓰세요.

❶ Hilfst du dem Kind? – Ja, ich helfe _____.

❷ Was kaufst du Maria? – Ja, ich kaufe _____ eine Tasche.

❸ Geben Sie mir bitte das Buch? – Ja, ich gebe _____ das Buch.

❹ Schenkt ihr dem Vater das Heft? – Ja, wir schenken _____ das Heft.

❺ Wie geht es euch? – Es geht _____ sehr gut.

2 빈칸에 들어갈 인칭대명사를 쓰세요.

1격	3격	1격	3격
ich	❶	wir	❻
du	❷	ihr	❼
er	❸	sie	❽
sie	❹	Sie	❾
es	❺		

3 밑줄 친 부분의 쓰임이 옳지 <u>않은</u> 것은?

ⓐ Fragst du <u>mir</u> nicht?

ⓑ Ich kaufe <u>ihm</u> den Kuchen.

ⓒ Er gibt <u>uns</u> das Geschenk.

ⓓ Wir schenken <u>euch</u> die Blume.

Lektion 15

Die Freundin des Lehrers ist Deutsche.
그 선생님의 여자친구는 독일인이야.

MP3 바로 듣기

🇩🇪 오늘의 학습 목표
- ✓ 2격 관사
- ✓ 남/중2 -(e)s
- ✓ 고유명사의 소유격

🇩🇪 오늘의 표현
- ✓ 그 선생님의 여자친구는 독일인이야.   Die Freundin des Lehrers ist Deutsche.
- ✓ 그 아이의 어머니가 아프셔.   Die Mutter des Kindes ist krank.
- ✓ 그는 Lara의 삼촌이야.   Er ist Laras Onkel.

🇩🇪 오늘의 단어

여자친구	e. Freundin	남자친구	r. Freund
선생님	r. Lehrer	외투	r. Mantel
(여자) 독일인	Deutsche	(남자) 독일인	Deutscher
사랑	e. Liebe	색깔	e. Farbe
삼촌	r. Onkel	이모	e. Tante

오늘의 회화

#1

 **Kennst du die Freundin des Lehrers?**   너는 그 선생님의 여자친구를 알아?

 **Ja, sie ist Deutsche.**   응, 그녀는 독일인이야.

#2

 **Wer ist das?**   이 사람은 누구야?

 **Sie ist Mutter des Kindes.**   그녀는 그 아이의 엄마야.

#3

 Was ist der Titel des Films?   그 영화의 제목이 뭐야?

 **Der Titel ist ‚Liebe eines Mannes'.**   제목은 '한 남자의 사랑'이야.

#4

 **Er ist Vater eines Kindes.**   그는 한 아이의 아빠야.

오늘의 학습 내용

1. 2격의 특징

2격은 '~의'라는 뜻으로 명사를 뒤에서 수식합니다.

그 여자의 가방

e. Tasche   e. Frau

die Tasche der Frau

2. 2격 정관사

2격	남성	중성	여성	복수
	des – (e)s	des – (e)s	der	der

TIPP 남성/중성/2격에는 명사 뒤에도 (e)s를 붙입니다!

3. 2격 부정관사

2격	남성	중성	여성	복수
	eines – (e)s	eines – (e)s	einer	-

TIPP 남성/중성/2격에는 명사 뒤에도 (e)s를 붙입니다!

4 2격 정관사와 부정관사로 문장 만들기

1) 2격 정관사

Die Freundin **des Lehrers** ist Deutsche.
그 선생님의 여자친구는 독일인이다.

Die Schwester **der Freundin** wohnt in Berlin.
그 여자친구의 언니는 베를린에 산다.

Die Mutter **des Kindes** ist hier.
그 아이의 엄마는 여기에 있다.

2) 2격 부정관사

Sie ist Mutter **eines Sohnes**.
그녀는 한 아들의 엄마이다.

Er ist Vater **einer Tochter**.
그는 한 딸의 아빠이다.

Wir sind Eltern **eines Kindes**.
우리는 한 아이의 부모이다.

3) 2격을 활용해서 영화 제목 만들기

Liebe **eines Mannes**	한 남자의 사랑
Geheimnis **der Frau**	그 여자의 비밀
Leben **der Kinder**	그 아이들의 삶

⑤ 남성·중성 2격 명사 + -s? -es?

- 단모음(모음 하나)인 명사는 주로 + -es
- 모음이 2개 이상이면 주로 + -s

> **TIPP** 사전을 찾아보는 것이 원칙! (예외가 있기도 하고 둘 다 되는 경우도 있습니다.)

⑥ 2격을 나타내는 또 다른 방법

이름과 같은 고유명사는 관사를 쓰지 않으므로 이름 뒤에 s를 붙여 소유격을 나타냅니다!

Tim**s** Freundin	Tim의 여자친구
Mina**s** Tasche	Mina의 가방
Max' Bruder	Max의 형

> **TIPP** s, x, z, tz로 끝나는 이름은 s를 안 붙이고 '만 붙입니다.

MEMO

오늘의 연습문제

1 빈칸에 들어갈 정관사를 쓰세요.

① Die Farbe _____ Mantels   그 외투의 색깔

② Der Vater _____ Babys   그 아기의 아빠

③ Die Tochter _____ Mutter   그 엄마의 딸

2 빈칸에 들어갈 부정관사를 쓰세요.

① Der Preis _____ Computers   한 컴퓨터의 가격

② Die Tasche _____ Frau   한 여자의 가방

③ Die Schokolade _____ Mädchens   한 소녀의 초콜릿

3 예시문과 같이 독일어로 쓰세요.

> Paul은 Jan의 아빠이다. ➡ __Paul ist Jans Vater.__

① Marie는 Lena의 엄마이다.

➡ _____

② Frank는 Felix의 형이다.

➡ _____

③ Lara는 Ben의 이모이다.

➡ _____

정답 p.241

Lektion 15 Die Freundin des Lehrers ist Deutsche.

MP3 바로 듣기

Ich helfe den Kindern.
난 그 아이들에게 도움을 줘.

🇩🇪 오늘의 학습 목표
- ✓ 3격 관사
- ✓ 3격 지배 동사
- ✓ 복수 3격 어미 n

🇩🇪 오늘의 표현
- ✓ 난 그 아이들에게 도움을 줘.   Ich helfe den Kindern.
- ✓ 그는 그 사람들을 따라가.   Er folgt den Leuten.
- ✓ 그는 그 여자를 믿지 않아.   Er glaubt der Frau nicht.

🇩🇪 오늘의 단어

믿다	glauben	따라가다	folgen
속하다	gehören	고마워하다	danken
대답하다	antworten	축하하다	gratulieren
맞다	passen	사람들(복수)	Pl. Leute

오늘의 회화

#1  **Hilfst du den Kindern?**   너는 그 아이들에게 도움을 주니?

 **Ja, ich helfe ihnen.**   응, 나는 그들에게 도움을 줘.

#2  **Was ist das Heft?**   이 공책은 뭐야?

 **Es gehört dem Lehrer.**   그것은 그 선생님 거야.

#3  **Wie findest du das?**   어떻게 생각해?

 **Der Mann glaubt der Frau nicht.**   그 남자는 그 여자를 믿지 않아.

#4  **Er antwortet einem Schüler.**   그는 한 학생에게 대답해.

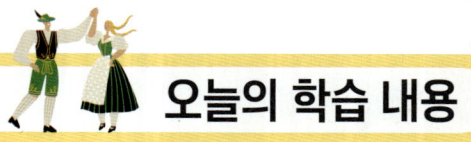

오늘의 학습 내용

① 3격 정관사

3격	남성	중성	여성	복수
	dem	dem	der	den -n

*TIPP 복수 3격에는 명사 뒤에도 n을 붙입니다!

② 3격 부정관사

3격	남성	중성	여성	복수
	einem	einem	einer	-

③ 3격 정관사와 부정관사로 문장 만들기

1) helfen (도움을 주다)

ich	helfe	wir	helfen
du	hilfst	ihr	helft
er / sie / es	hilft	sie / Sie	helfen

Ich **helfe** den Kinder**n**. 나는 그 아이들에게 도움을 준다.

Er **hilft** der Frau. 그는 그 여자에게 도움을 준다.

Sie **hilft** dem Kind. 그녀는 그 아이에게 도움을 준다.

2) glauben (믿다)

ich	glaube	wir	glauben
du	glaubst	ihr	glaubt
er / sie / es	glaubt	sie / Sie	glauben

Ich **glaube** dem Mann.   나는 그 남자를 믿는다.

Wir **glauben** der Lehrerin.   우리는 그 여선생님을 믿는다.

Sie **glauben** dem Mädchen.   그들은 그 소녀를 믿는다.

3) gehören (속하다)

ich	gehöre	wir	gehören
du	gehörst	ihr	gehört
er / sie / es	gehört	sie / Sie	gehören

Das Heft **gehört** einem Lehrer.   그 노트는 한 선생님의 것이다.

Das Haus **gehört** einer Frau.   그 집은 한 여자의 것이다.

Die Tasche **gehört** einem Kind.   그 가방은 한 아이의 것이다.

4) antworten (대답하다)

ich	antworte	wir	antworten
du	antwortest	ihr	antwortet
er / sie / es	antwortet	sie / Sie	antworten

Er **antwortet** einem Schüler.   그는 한 학생에게 대답한다.

Wir **antworten** einer Lehrerin.   우리는 한 여선생님에게 대답한다.

Ich **antworte** einem Mädchen.   나는 한 소녀에게 대답한다.

5) 그 외의 3격 지배동사

Das Kleid **passt** einer Lehrerin.　　그 원피스는 한 여선생님에게 잘 맞는다.

Ich **folge** den Männern.　　나는 그 남자들을 따라간다.

Wir **danken** einem Schüler.　　우리는 한 남학생에게 고마워한다.

Ihr **gratuliert** der Schülerin.　　너희는 그 여학생에게 축하를 해준다.

MEMO

오늘의 연습문제

1 빈칸에 들어갈 정관사를 쓰세요.

❶ Die Frau hilft _____ Kind.

❷ Das Haus gehört _____ Vater.

❸ Ich glaube _____ Frau nicht.

2 빈칸에 들어갈 부정관사를 쓰세요.

❶ Er antwortet _____ Lehrerin.

❷ Du hilfst _____ Mann.

❸ Wir antworten _____ Mädchen.

3 밑줄 친 부분의 쓰임이 옳지 않은 것은?

ⓐ Hilfst du den Kinder?

ⓑ Antwortet ihr dem Lehrer?

ⓒ Ich antworte der Lehrerin.

ⓓ Die Tasche gehört den Mädchen.

ⓔ Er glaubt den Männern nicht.

정답 p.241

Lektion 16 Ich helfe den Kindern. 147

MP3 바로 듣기

Was ist dein Hobby?
너의 취미는 뭐니?

🇩🇪 오늘의 학습 목표
- ✓ 소유관사 1격 (주어)

🇩🇪 오늘의 표현
- ✓ 너의 취미는 뭐야? Was ist dein Hobby?
- ✓ 나의 취미는 노래 부르기야. Mein Hobby ist Singen.
- ✓ 그의 최애 음식은 고기이다. Sein Lieblingsessen ist Fleisch.

🇩🇪 오늘의 단어

취미	s. Hobby	수영하다	schwimmen
노래 부르다	singen	최애의	Lieblings-
음악 듣다	Musik hören	고기	s. Fleisch
자전거 타다	Rad fahren	과일	s. Obst
피아노 치다	Klavier spielen	노래	s. Lied

오늘의 회화

  **Wie ist dein Name?** 너의 이름은 어떻게 돼?

 **Mein Name ist Seonghee Kim.** 나의 이름은 김성희야.

  **Was ist sein Lieblingsessen?** 그의 최애 음식은 뭐야?

 **Sein Lieblingsessen ist Fleisch.** 그의 최애 음식은 고기야.

  Was ist euer Hobby? 너희의 취미는 뭐야?

 **Unser Hobby ist Schwimmen.** 우리의 취미는 수영이야.

  **Wer ist das?** 이 사람은 누구야?

 **Das ist ihre Schwester.** 이 사람은 그녀의 언니야.

오늘의 학습 내용

❶ 소유관사

독일어의 소유관사는 명사의 '소유자'를 나타내는 말로, 한국어로는 '나의, 너의, 그의, 그녀의'와 같은 표현입니다.

인칭대명사 1격		소유관사 (~의)	
ich	나는	mein-	나의
du	너는	dein-	너의
er	그는	sein-	그의
sie	그녀는	ihr-	그녀의
es	그것은	sein-	그것의
wir	우리는	unser-	우리의
ihr	너희는	euer-	너희의
sie	그들은	ihr-	그들의
Sie	당신(들)은	Ihr-	당신(들)의

❷ 소유관사의 어미변화

소유관사는 '관사'이므로 뒤에 꾸며주는 명사의 성, 수, 격에 따른 변화를 합니다. 소유관사의 어미변화는 부정관사의 어미변화와 같지만, 복수일 경우는 정관사 어미변화를 따릅니다.

1격	남성	중성	여성	복수
	mein	mein	meine	meine

★TIPP 소유관사 중 'euer-(너희의)'는 어미가 붙으면 어미 앞의 'e'를 생략하여 eure / eurem / eurer / euren으로 표기합니다.

③ 소유관사 1격으로 문장 만들기

1) 취미 말하기

Mein Hobby ist Singen.	나의 취미는 노래 부르기이다.
Dein Hobby ist Musik hören.	너의 취미는 음악 듣기이다.
Sein Hobby ist Rad fahren.	그의 취미는 자전거 타기이다.
Ihr Hobby ist Klavier spielen.	그녀의 취미는 피아노 치기이다.
Unser Hobby ist Schwimmen.	우리의 취미는 수영이다.
Euer Hobby ist Singen.	너희의 취미는 노래 부르기이다.
Ihr Hobby ist Musik hören.	그들의 취미는 음악 듣기이다.
Ihr Hobby ist Lesen.	당신의 취미는 독서이다.
Was ist euer Hobby?	너희의 취미는 뭐니?
Was ist dein Hobby?	너의 취미는 뭐니?

2) 소개하기

Das ist mein Vater.	이 분은 나의 아버지이다.
Sie ist meine Freundin.	그녀는 나의 여자친구이다.
Das ist sein Kind.	이쪽은 그의 아이이다.
Wie ist Ihr Name?	당신의 이름은 어떻게 되세요?
Mein Name ist Seonghee Kim.	나의 이름은 김성희입니다.

Das ist ihr Buch.   이것은 그녀의 책이다.

Seine Tochter ist süß.   그의 딸은 귀엽다.

Unsere Kinder sind jung.   우리의 아이들은 어리다.

3) 최애 말하기

Sein Lieblingsessen ist Fleisch.   그의 최애 음식은 고기이다.

Ihr Lieblingsessen ist Obst.   그녀의 최애 음식은 과일이다.

Unser Lieblingslied ist ‚Neuanfang'.   우리의 최애 노래는 'Neuanfang'이다.

> **TIPP** 가장 좋아하는 무언가를 표현할 때, 해당 명사 앞에 'Lieblings-'를 붙여보세요.

이것만은 꼭!

☆ **소유관사와 명사**

소유관사는 명사를 꾸며주기 때문에 대부분 명사 앞에 위치합니다. 소유관사는 명사의 성, 수, 격에 따라 형태가 달라지므로, 정확한 형태를 사용하기 위해서는 명사의 성을 꼭 알고 있어야 합니다.

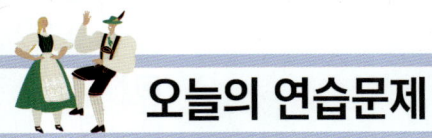

오늘의 연습문제

1 빈칸에 알맞은 소유관사를 올바른 형태로 채워 넣으세요.

① Was machst du hier? Wo ist d_____ Mutter?

② Das ist Michael und das ist s_____ Sohn.

③ Das ist mein Familienfoto. Und das hier ist m_____ Tochter Lena.

④ E_____ Kinder sind sehr süß.

⑤ Was macht I_____ Mann?

⑥ Wie ist i_____ Name?

⑦ Das ist u_____ Wohnung.

⑧ Hier ist ein Kind. S_____ Name ist Moritz.

2 밑줄 친 부분의 쓰임이 옳지 않은 것은?

ⓐ Wie heißt dein Bruder?

ⓑ Seine Kinder sind noch jung.

ⓒ Was macht ihr Vater?

ⓓ Das ist meine Buch.

ⓔ Sie ist unsere Tochter.

정답 p.241

Lektion 17 Was ist dein Hobby? 153

MP3 바로 듣기

Ich mag meinen Beruf.
나는 나의 일을 좋아해.

🇩🇪 오늘의 학습 목표
- ✓ 소유관사 4격 (목적어)

🇩🇪 오늘의 표현
- ✓ 나는 나의 일을 좋아해.　　Ich mag meinen Beruf.
- ✓ 그는 나의 언니를 사랑해.　　Er liebt meine Schwester.
- ✓ 그녀는 나의 아이를 알아.　　Sie kennt mein Kind.

🇩🇪 오늘의 단어

일, 직업	r. Beruf	숙제	e. Hausaufgabe
목소리	e. Stimme	수리하다	reparieren
영화	r. Film	(경험상) 알다	kennen
좋아하다	mögen	진료하다	untersuchen
결혼하다	heiraten	이해하다	verstehen

오늘의 회화

#1

 **Wie finden Sie Ihren Sohn?**   당신은 당신의 아들을 어떻게 생각하세요?

 **Ich finde meinen Sohn nett.**   저는 제 아들을 착하다고 생각해요.

#2

 **Magst du seinen Film?**   너는 그의 영화를 좋아해?

 **Ja, ich finde seinen Film gut.**   응, 나는 그의 영화를 좋다고 생각해.

#3

 **Kennt ihr meinen Lehrer?**   너희는 나의 선생님을 알아?

 **Ja, wir kennen deinen Lehrer.**   응, 우리는 너의 선생님을 알아.

#4

 **Was macht er?**   그는 뭐하고 있어?

 **Er macht seine Hausaufgaben.**   그는 그의 숙제들을 해.

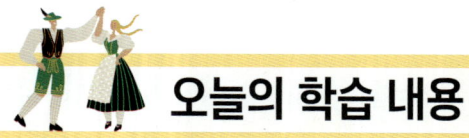

오늘의 학습 내용

① 소유관사 4격의 어미변화

1격	남성	중성	여성	복수
	mein	mein	meine	meine

4격	남성	중성	여성	복수
	meinen	mein	meine	meine

② 소유관사 4격으로 문장 만들기

1) mögen (좋아하다)

ich	mag	wir	mögen
du	magst	ihr	mögt
er / sie / es	mag	sie / Sie	mögen

Ich **mag** meinen Beruf.   나는 나의 일을 좋아한다.

Er **mag** meine Schwester.   그는 나의 누나를 좋아한다.

Sie **mag** sein Kind.   그녀는 그의 아이를 좋아한다.

2) finden (~라고 생각하다)

ich	finde	wir	finden
du	findest	ihr	findet
er / sie / es	findet	sie / Sie	finden

Ich **finde** ihre Stimme schön.   나는 그녀의 목소리를 예쁘다고 생각한다.

Sie **findet** seinen Film gut.   그녀는 그의 영화를 좋다고 생각한다.

Ihr **findet** euer Buch langweilig.   너희는 너희의 책을 지루하다고 생각한다.

3) heiraten (결혼하다)

ich	heirate	wir	heiraten
du	heiratest	ihr	heiratet
er / sie / es	heiratet	sie / Sie	heiraten

Sie **heiratet** euren Onkel.   그녀는 너희의 삼촌과 결혼한다.

Ich **heirate** meine Freundin.   나는 나의 여자친구와 결혼한다.

Heiratest du deinen Freund?   너는 너의 남자친구와 결혼하니?

4) machen (하다) / reparieren (수리하다) / treffen (만나다)

ich	mache	wir	machen
du	machst	ihr	macht
er / sie / es	macht	sie / Sie	machen

ich	repariere	wir	reparieren
du	reparierst	ihr	repariert
er / sie / es	repariert	sie / Sie	reparieren

ich	treffe	wir	treffen
du	triffst	ihr	trefft
er / sie / es	trifft	sie / Sie	treffen

Sie **macht** ihre Hausaufgaben.   그녀는 그녀의 숙제들을 한다.

Er **repariert** unser Auto.   그는 우리의 자동차를 수리한다.

Sie **treffen** ihre Oma.   그들은 그들의 할머니를 만난다.

5) kennen (알다)

ich	kenne	wir	kennen
du	kennst	ihr	kennt
er / sie / es	kennt	sie / Sie	kennen

Sie **kennt** seinen Vater.   그녀는 그의 아빠를 안다.

Kennen Sie mein Kind?   당신이 나의 아이를 아시나요?

Kennst du ihr Restaurant?   너는 그들의 식당을 아니?

6) untersuchen (진찰하다)

ich	untersuche	wir	untersuchen
du	untersuchst	ihr	untersucht
er / sie / es	untersucht	sie / Sie	untersuchen

Der Arzt **untersucht** meinen Sohn.   그 의사가 나의 아들을 진찰한다.

7) verstehen (이해하다)

ich	verstehe	wir	verstehen
du	verstehst	ihr	versteht
er / sie / es	versteht	sie / Sie	verstehen

Ich **verstehe** meine Tochter.   나는 나의 딸을 이해한다.

Er **versteht** seine Kinder nicht.   그는 그의 아이들을 이해하지 못한다.

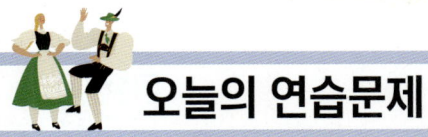

오늘의 연습문제

1 괄호 안의 소유관사를 올바른 형태로 쓰세요.

❶ Ich mag _____ Tante. (mein)

❷ Er mag _____ Beruf. (sein)

❸ Die Ärztin untersucht _____ Sohn. (ihr)

❹ Liebst du _____ Mann? (dein)

❺ Ich habe _____ Tasche. (dein)

❻ Sie findet _____ Kind nett. (euer)

❼ Haben Sie _____ Kugelschreiber? (Ihr)

❽ Wir haben _____ Buch. (unser)

2 밑줄 친 부분의 쓰임이 옳지 <u>않은</u> 것은?

ⓐ Ich kenne <u>seine</u> Mutter.

ⓑ Sie versteht <u>ihren</u> Mann nicht.

ⓒ Er findet <u>eueren</u> Flim gut.

ⓓ Sie repariert <u>unser</u> Auto.

ⓔ Wir machen <u>unsere</u> Hausaufgaben.

정답 p.242

Lektion 19

Wiederholung
13~18강 복습

MP3 바로 듣기

🇩🇪 오늘의 학습 목표
- ✓ 4격/3격 인칭대명사 복습하기
- ✓ 정관사 2격/3격 복습하기
- ✓ 부정관사 2격/3격 복습하기
- ✓ 소유관사 복습하기

🇩🇪 오늘의 표현
✓ 어떻게 지내?	Wie geht es dir?
✓ 나는 잘 지내.	Es geht mir gut.
✓ 너는 너의 일을 좋아하니?	Magst du deinen Beruf?

오늘의 회화

Lange nicht gesehen! Wie geht es dir?
오랜만이다! 어떻게 지내?

Es geht mir gut. Und dir?
나는 잘 지내. 너는?

Auch gut. Was machst du zurzeit?
나도 잘 지내. 너는 요즘 뭐해?

Seit einem Monat arbeite ich als Lehrerin.
한 달 전부터 나 선생님으로 일해.

Echt? Das ist toll! Magst du deinen Beruf?
정말? 멋지다! 너는 너의 일을 좋아하니?

 단어

lange 오래 | nicht ~않다 | wie 어떻게 | auch ~도 | was 무엇 | zurzeit 요즘, 현재 | seit ~이래로 | ein Monat 한 달 | als ~로서 | e. Lehrerin 여교사 | toll 멋진, 훌륭한 | r. Beruf 직업

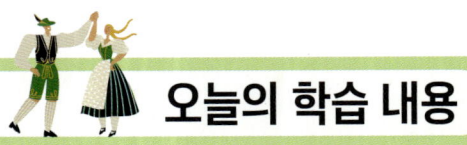

오늘의 학습 내용

① 1 & 4격 인칭대명사

인칭대명사 1격		인칭대명사 4격	
ich	나는	mich	나를
du	너는	dich	너를
er	그는	ihn	그를
sie	그녀는	sie	그녀를
es	그것은	es	그것을
wir	우리는	uns	우리를
ihr	너희는	euch	너희를
sie	그들은	sie	그들을
Sie	당신(들)은	Sie	당신(들)을

② 1 & 3격 인칭대명사

인칭대명사 1격		인칭대명사 3격	
ich	나는	mir	나에게
du	너는	dir	너에게
er	그는	ihm	그에게
sie	그녀는	ihr	그녀에게
es	그것은	ihm	그것에게
wir	우리는	uns	우리에게
ihr	너희는	euch	너희에게
sie	그들은	ihnen	그들에게
Sie	당신(들)은	Ihnen	당신(들)에게

③ 정관사와 부정관사

1) 정관사 2격

'~의'라는 뜻으로 명사를 뒤에서 수식합니다.

2격	남성	중성	여성	복수
	des – (e)s	des – (e)s	der	der

TIPP 남성/중성/2격에는 명사 뒤에도 (e)s를 붙입니다!

Die Mutter des Kindes ist hier. 그 아이의 엄마는 여기에 있다.

Die Freundin des Lehrers ist Deutsche. 그 선생님의 여자친구는 독일인이다.

2) 부정관사 2격

'~의'라는 뜻으로 명사를 뒤에서 수식합니다.

2격	남성	중성	여성	복수
	eines – (e)s	eines – (e)s	einer	-

TIPP 남성/중성/2격에는 명사 뒤에도 (e)s를 붙입니다!

Sie ist Mutter eines Sohnes. 그녀는 한 아들의 엄마이다.

Er ist Vater einer Tochter. 그는 한 딸의 아빠이다.

3) 정관사 3격

3격	남성	중성	여성	복수
	dem	dem	der	den -n

TIPP 복수 3격에는 명사 뒤에도 n을 붙입니다!

Ich helfe den Kindern.　　　나는 그 아이들에게 도움을 준다.

Ich glaube dem Mann.　　　나는 그 남자를 믿는다.

4) 부정관사 3격

3격	남성	중성	여성	복수
	einem	einem	einer	-

Das Heft gehört einem Lehrer.　　　그 노트는 한 선생님의 것이다.

Er antwortet einem Schüler.　　　그는 한 학생에게 대답한다.

❹ 소유관사

인칭대명사 1격		소유관사 (~의)	
ich	나는	mein-	나의
du	너는	dein-	너의
er	그는	sein-	그의
sie	그녀는	ihr-	그녀의
es	그것은	sein-	그것의
wir	우리는	unser-	우리의
ihr	너희는	euer-	너희의
sie	그들은	ihr-	그들의
Sie	당신(들)은	Ihr-	당신(들)의

5 소유관사 어미변화

1) 소유관사 1격

1격	남성	중성	여성	복수
	mein	mein	meine	meine

Mein Hobby ist Singen.   나의 취미는 노래 부르기이다.

Sie ist meine Freundin.   그녀는 나의 여자친구이다.

Sein Lieblingsessen ist Fleisch.   그의 최애 음식은 고기이다.

2) 소유관사 4격

4격	남성	중성	여성	복수
	meinen	mein	meine	meine

Ich mag meinen Beruf.   나는 나의 일을 좋아한다.

Kennst du ihr Restaurant?   너는 그들의 식당을 아니?

Er repariert unser Auto.   그는 우리의 자동차를 수리한다.

복습 퀴즈! 제시된 빈칸을 채워 보세요.

1. Ich liebe _____.   나는 그를 사랑해.
2. Ich helfe _____ Kindern.   나는 그 아이들을 돕는다.
3. Was ist der Titel _____ Films?   그 영화의 제목이 뭡니까?
4. _____ Hobby ist Musik hören.   내 취미는 음악 듣기야.
5. Wie findest du _____ Lehrer?   너는 너의 선생님을 어떻게 생각하니?

[정답] 1. ihn | 2. den | 3. des | 4. Mein | 5. deinen

실전 Test

1 우리말 해석을 참고해서 괄호 안의 단어를 2격의 형태로 바꿔 문장을 완성해보세요.

① Der Freund (die Lehrerin) ist Deutscher.   그 여자 선생님의 남자친구는 독일인이다.

➡ _____

② Die Eltern (das Kind) sind jung.   그 아이의 부모님은 젊다.

➡ _____

③ Der Bruder (die Freundin) wohnt in Hamburg.   그 여자친구의 오빠는 함부르크에 산다.

➡ _____

2 우리말 해석을 참고해서 빈칸에 알맞은 인칭대명사를 채워보세요.

① A: Kennst du den Mann da drüben?   너 저기 있는 남자를 아니?

   B: Nein, ich kenne _____ nicht.   아니, 나는 그를 몰라.

② A: Heute habe ich Geburtstag!   나 오늘 생일이야!

   Schenkst du _____ etwas?   나에게 뭔가를 선물해주니?

   B: Nein, ich schenke _____ nichts.   아니, 나는 너에게 아무것도 선물하지 않아.

③ A: Die alte Frau da braucht Hilfe!   저기 나이드신 아주머니가 도움이 필요해!

   B: Helfen wir _____!   우리 그녀를 돕자!

3 우리말 해석을 참고해서 괄호 안의 단어를 알맞게 활용한 문장을 완성해보세요.

① Ich zeige ihm (mein, Hund).　　　　　나는 그에게 나의 강아지를 보여준다.

➡ _____

② (dein, Tasche) gefällt mir!　　　　　너의 가방이 내 마음에 들어!

➡ _____

③ Ein Kind ruft (sein, Mutter).　　　　한 아이가 자신의 엄마를 부른다.

➡ _____

④ (unser, Eltern) sind groß.　　　　　우리의 부모님은 키가 크시다.

➡ _____

4 다음 독일어 대화를 순서에 맞게 배열해보세요.

> (A) Dann wer ist der Mann?
> (B) Ja. Es heißt Nina. Sie ist eine Freundin meines Sohnes.
> (C) Kennst du das Mädchen?
> (D) Er ist Ninas Vater. Ich rufe ihn. Ich muss ihm etwas geben.

➡ (　　) – (　　) – (　　) – (　　)

Lektion 20

Was sind Sie von Beruf?
당신의 직업은 무엇입니까?

MP3 바로 듣기

🇩🇪 오늘의 학습 목표
- ✓ 직업 묻고 답하기
- ✓ 관사를 사용하지 않는 경우

🇩🇪 오늘의 표현
- ✓ 당신의 직업은 무엇입니까?   Was sind Sie von Beruf?
- ✓ 그는 교사로 일하고 있다.   Er arbeitet als Lehrer.
- ✓ 그녀는 ABC(회사)에서 일한다.   Sie arbeitet bei ABC.

🇩🇪 오늘의 단어

(직업)~으로(서)	als	요리하다	kochen
(회사)에서	bei	자르다	schneiden
미용사	r. Friseur	제빵사	r. Bäcker
간호사	r. Krankenpfleger	굽다	backen
머리카락 (복수)	Pl. Haare	요리사	r. Koch

★TIPP   (여자) 간호사 : e. Krankenpflegerin / e. Krankenschwester

오늘의 회화

#1 Was sind Sie von Beruf? — 당신의 직업은 무엇입니까?

Ich arbeite als Lehrer. — 저는 교사로 일하고 있어요.

#2 Was machst du beruflich? — 너는 직업상 무엇을 해?

Ich bin Friseur. — 나는 미용사야.

#3 Was ist er von Beruf? — 그는 직업이 뭐야?

Er ist Koch. — 그는 요리사야.

#4 Was macht er beruflich? — 그는 직업상 뭘 해?

Er kocht Essen. — 그는 음식을 요리해.

#5 Wo arbeitet sie? — 그녀는 어디에서 일해?

Sie arbeitet bei Siwonschool. — 그녀는 시원스쿨에서 일해.

오늘의 학습 내용

❶ 직업 묻기

1) 당신의 직업은 무엇입니까? Was sind Sie von Beruf?

- 직업은 의문사 was를 사용하여 질문
- 직업적으로 = von Beruf
- 당신은 '무엇'이라 정의할 수 있는가? → sein 동사와 함께 활용

Was sind Sie von Beruf?	당신의 직업은 무엇입니까?
Was bist du von Beruf?	너는 직업이 뭐야?
Was ist er/sie von Beruf?	그/그녀는 직업이 뭐야?
Was seid ihr von Beruf?	너희의 직업은 뭐야?
Was sind sie von Beruf?	그들의 직업은 뭐야?
Was ist dein Vater/deine Mutter?	너의 아빠/엄마 직업이 뭐야?

2) 당신은 무슨 일을 하시나요? Was machen Sie beruflich?

- 직업은 의문사 was를 사용하여 질문
- 직업상 = beruflich
- 어떤 일, 무슨 일을 하십니까? → machen 동사와 함께 활용

Was machen Sie beruflich? 당신은 무슨 일을 하시나요?

Was machst du beruflich? 너는 직업상 뭘 해?

Was macht dein Vater/deine Mutter? 너의 아빠/엄마 직업이 뭐야?

② 직업 답하기

보통 직업이나 신분을 말할 때 관사를 쓰지 않습니다.

1) 나의 직업을 말할 때

한국어	나는 (직업명)이다.	나는 (직업명)으로 일하고 있다.
독일어	Ich bin + 직업명.	Ich arbeite als 직업명.

2) 회사 이름을 말할 때

한국어	나는 (회사명)에서 일하고 있다.
독일어	Ich arbeite bei 회사명.

Ich bin Koch/Köchin. 나는 요리사다.

Er arbeitet als Krankenpfleger. 그는 간호사로 일하고 있다.

Sie arbeitet bei ABC. 그녀는 ABC 회사에서 일하고 있다.

Seine Mutter ist Lehrerin. 그의 엄마는 교사이다.

Meine Eltern sind Angestellte. 나의 부모님은 회사원이다.

Sie ist Bäckerin. 그녀는 제빵사이다.

Ein Koch kocht Essen. 한 요리사는 음식을 요리한다.

Eine Friseurin schneidet Haare. 한 여자 미용사는 머리카락들을 자른다.

Ein Bäcker backt Brot. 한 제빵사는 빵을 굽는다.

③ 관사를 사용하지 않는 경우

① 직업이나 신분
② 물질명사, 추상명사 (음식, 시간, 돈...)
③ 이름, 도시, 중성 국가
④ 불특정 복수 명사 (아이들, 형제자매들)
⑤ 국적이나 언어 (독일인, 한국어)

> **이것만은 꼭!**
>
> '회사원'을 의미하는 Angestellte는 조금 특별한 명사입니다. 관사 없이 자신의 직업이 일반적인 회사원임을 나타내고자 할 때 남자 회사원의 경우 'Er ist Angestellter.'라고 하고, 여자 회사원의 경우 'Sie ist Angestellte.', 여러 명의 회사원들을 복수형으로 나타낼 때에는 'Sie sind Angestellte.' 입니다.

오늘의 연습문제

1 빈칸에 들어갈 말을 쓰세요.

❶ Was _____ er von Beruf?

❷ Was machst du _____?

2 빈칸에 들어갈 말을 쓰세요.

❶ Sie backt Brote. Sie ist _____.

❷ Er kocht Essen. Er ist _____.

❸ Meine Eltern arbeiten bei ABC. Meine Eltern sind _____.

3 빈칸에 알맞은 말을 **als/bei/-**(아무것도 없음) 중에 골라 쓰세요.

❶ Ich arbeite _____ Köchin.

❷ Mein Mann ist _____ Lehrer.

❸ Sie arbeitet _____ Siwonschool.

정답 p.242

Lektion 20 Was sind Sie von Beruf?   173

Lektion 21

Ich möchte bestellen.
주문하고 싶어요.

MP3 바로 듣기

🇩🇪 오늘의 학습 목표
- ✓ 주문하기
- ✓ 화법조동사 1 : möchte

🇩🇪 오늘의 표현
- ✓ 주문하고 싶어요.　　　　　　　Ich möchte bestellen.
- ✓ 나는 지금 자고 싶어.　　　　　　Ich möchte jetzt schlafen.
- ✓ 우리는 독일에서 공부하길 원한다.　Wir möchten in Deutschland studieren.

🇩🇪 오늘의 단어

원하다	möchten	전공하다	studieren
주문하다	bestellen	피아니스트	r. Klavierspieler
집으로 가다	nach Hause gehen	지금	jetzt
계산하다	bezahlen	독일에서	in Deutschland
되다	werden	마시다	trinken

오늘의 회화

#1
Was möchtest du werden? — 너는 뭐가 되고 싶어?
Ich möchte Lehrer werden. — 저는 교사가 되고 싶어요.

#2
Was möchtest du machen? — 너는 뭐하고 싶어?
Ich möchte jetzt schlafen. — 나는 지금 자고 싶어.

#3
Was möchtet ihr machen? — 너희는 뭘 하고 싶어?
Wir möchten in Deutschland studieren. — 우리는 독일에서 공부하고 싶어요.

#4
Ich möchte bestellen. — 저 주문하고 싶어요.

#5
Wir möchten bezahlen. — 저희 계산하고 싶어요.

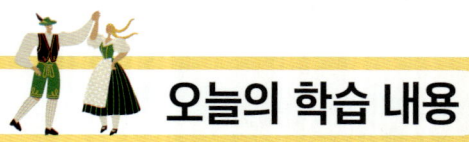

오늘의 학습 내용

1 화법조동사

1) 화법조동사의 역할

- 독일어에서 화법조동사는 가능성, 의무, 의지, 허락 등을 나타내는 조동사입니다.
- 같은 문장이라도 화법조동사에 따라 의미가 달라질 수 있기 때문에 뉘앙스, 분위기, 맥락이 중요한 동사입니다.

2) 화법조동사의 특징

- 화법조동사가 사용된 문장에서는 본동사(동사원형, Infinitiv)가 문장의 맨 끝에 위치합니다.

| 주어 | ➕ | 화법조동사 | ➕ | 기타 요소 | ➕ | 동사원형 |

- 모든 화법조동사는 불규칙동사입니다.
- 화법조동사는 1인칭 단수 ich와 3인칭 단수 er / sie / es의 형태가 같습니다.

이것만은 꼭!

독일어에서는 필수적인 표현들이 화법조동사를 동반하는 경우가 많아요. 화법조동사는 문장을 더 정확하고 자연스럽게 만들기 때문에 일상 회화에서 자주 사용됩니다.

② 화법조동사 1

möchten
~를 원하다/하고 싶다

möchten은 '원하다, ~하고 싶다'라는 의미를 가진 정중한 표현이에요. 공손한 요청 시 사용합니다.

1) möchten이 사용된 문장의 어순

평서문: 주어 ➕ möchten ... 동사원형.

의문문: (의문사) ➕ Möchten ➕ 주어 ... 동사원형?

2) möchten 어미변화

ich	möchte	wir	möchten
du	möchtest	ihr	möchtet
er / sie / es	möchte	sie / Sie	möchten

③ möchten으로 문장 만들기

1) 정중한 요청

Ich möchte bestellen.   저 주문하고 싶어요.

Was möchten Sie trinken?   무엇을 마시고 싶으세요?

Was möchtet ihr werden?   너희는 무엇이 되고 싶니?

Wir möchten bezahlen.   저희 계산하고 싶어요.

2) 희망, 바람 표현

Was möchtest du machen?
넌 뭐하고 싶어?

Sie möchte in Deutschland studieren.
그녀는 독일에서 공부하길 원한다.

Ich möchte jetzt schlafen.
나는 지금 자고 싶다.

Wir möchten nach Hause gehen.
우리는 집으로 가고 싶다.

Möchtest du Klavierspieler werden?
너는 피아니스트가 되고 싶니?

MEMO

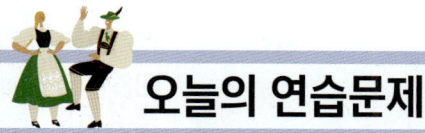

오늘의 연습문제

1 빈칸에 들어갈 동사를 올바른 형태로 쓰세요.

ich	❶	wir	möchten
du	möchtest	ihr	❸
er / sie / es	❷	sie / Sie	möchten

2 다음 단어들을 알맞은 형태로 바꿔 올바른 순서로 배열하세요.

❶ ich, nach Hause, gehen, möchten　　　나는 집에 가고 싶다.

➡ _____

❷ bestellen, jetzt, wir, möchten　　　우리는 지금 주문하고 싶다.

➡ _____

❸ ihr, werden, möchten, was　　　너희들은 무엇이 되고 싶니?

➡ _____

3 우리말을 독일어로 바꿔 문장을 써보세요.

❶ 나는 지금 자고 싶다.

➡ _____

❷ 당신은 독일에서 무엇을 하고 싶나요?

➡ _____

정답 p.242

Lektion 21 Ich möchte bestellen. 179

MP3 바로 듣기

Darf ich mal sehen?
한번 봐도 될까요?

🇩🇪 오늘의 학습 목표
✓ 화법조동사 2 : dürfen

🇩🇪 오늘의 표현
✓ 한번 봐도 될까요?　　　　　Darf ich mal sehen?
✓ 여기서 흡연하시면 안 됩니다.　Hier darf man nicht rauchen.
✓ 너는 집으로 가도 돼.　　　　Du darfst nach Hause gehen.

🇩🇪 오늘의 단어

한번	mal	입어보다	anprobieren
보다	sehen	지나가다	vorbei(gehen)
흡연하다	rauchen	들어가다	reinkommen
사람들	man	무언가	etwas
집으로	nach Hause	아닌	nicht

★TIPP　man은 일반 주어인 '사람들'을 나타내는 대명사이므로 소문자로 표기하고, 3인칭 단수로 취급

오늘의 회화

#1

Darf ich das mal sehen? — 제가 한번 봐도 될까요?

Ja, Sie dürfen das sehen. — 네, 보셔도 됩니다.

#2

Darf ich jetzt gehen? — 저 지금 가도 되나요?

Ja, du darfst gehen. — 응, 너는 가도 돼.

#3

Darf ich reinkommen? — 들어가도 될까요?

Ja, natürlich. — 네, 그럼요.

#4

Darf man hier rauchen? — 여기서 흡연해도 되나요?

Nein, hier darf man nicht rauchen. — 아니요, 안 됩니다.

오늘의 학습 내용

1 화법조동사 2

> **dürfen**
> ~해도 괜찮다, ~해도 된다

dürfen은 '~해도 괜찮다, ~해도 된다'라는 허락의 의미를 가진 화법조동사입니다. 참고로, '~해서는 안 된다, 금지이다'와 같이 금지의 의미를 나타낼 때는 dürfen nicht 라고 표현합니다.

1) dürfen이 사용된 문장의 어순

평서문	주어	➕	dürfen ... 동사원형.	
의문문	(의문사)	➕	Dürfen	➕	주어 ... 동사원형?

2) dürfen 어미변화

ich	darf	wir	dürfen
du	darfst	ihr	dürft
er / sie / es	darf	sie / Sie	dürfen

2 dürfen으로 문장 만들기

1) 허가, 허락

Ich darf das essen.   나는 그것을 먹어도 된다.

Darf ich mal sehen?   제가 한번 봐도 될까요?

Er darf nicht kommen.   그는 오면 안 된다.

2) 정중한 요청

Darf ich reinkommen?	들어가도 될까요?
Darf ich das anprobieren?	제가 입어봐도 될까요?
Sie dürfen hier parken.	당신은 여기에 주차하셔도 됩니다.

3) 허락, 요청, 금지

Dürfen wir durch(gehen)?	저희가 지나가도 될까요?
Du darfst nach Hause gehen.	너는 집으로 가도 돼.
Man darf hier nicht rauchen.	사람들은 여기에서 흡연하면 안 된다.
Was darf es sein?	뭘 드릴까요?
Darf ich etwas sagen?	제가 뭘 말해도 될까요?
Du darfst jetzt nicht schlafen.	넌 지금 자면 안 돼.

> **이것만은 꼭!**
>
> 'Was darf es sein?'은 문장 그대로 보면 '그것이 무엇이어야 될까요?'이지만 실제 의미는 상점 등에서 점원이 '어떻게 도와드릴까요?, 뭘 드릴까요?'라고 손님이 원하는 것을 공손하게 묻는 표현입니다.

오늘의 연습 문제

1 빈칸에 들어갈 동사를 올바른 형태로 쓰세요.

ich	darf	wir	dürfen
du	❶	ihr	❸
er / sie / es	❷	sie / Sie	❹

2 다음 단어들을 알맞은 형태로 바꿔 올바른 순서로 배열하세요.

❶ du, nach Hause, gehen, dürfen   너는 집에 가도 된다.

➡ _____

❷ rauchen, dürfen, hier, man, nicht   여기서 흡연하면 안 된다.

➡ _____

❸ dürfen, ich, sehen, das   내가 그것을 봐도 될까?

➡ _____

❹ hier, dürfen, parken, Sie   당신은 여기에 주차해도 됩니다.

➡ _____

3 우리말을 독일어로 바꿔 문장을 써보세요.

❶ 너는 지금 자도 돼.

➡ _____

❷ 내가 뭔가 말해도 될까?

➡ _____

❸ 제가 이것을 입어봐도 될까요?

➡ _____

❹ 그는 오면 안 돼.

➡ _____

독일 여행 Tipp!

예술과 역사가 살아 숨 쉬는 도시, 드레스덴

'엘베강의 피렌체'라 불리는 드레스덴Dresden은 독일 동부 작센주의 주도로, 예술과 역사의 향기가 가득한 도시예요. 제2차 세계대전 때 큰 피해를 입었지만 많은 사람들의 노력으로 복원된 바로크 양식 건물들이 도시를 장식하고 있어요.

대표적인 명소인 츠빙거 궁전Zwinger은 미술관, 박물관, 정원이 함께 있는 복합 문화 공간으로, 루벤스와 렘브란트의 작품을 감상할 수 있어요. 또 다른 명소인 프라우엔 교회Frauenkirche는 외관만큼이나 내부도 장엄해요. 브륄의 테라스Brühlsche Terrasse를 따라 엘베 강변을 산책하면 고즈넉한 분위기를 느낄 수 있고, 구시가지와 신시가지 모두 예술적인 분위기가 넘쳐나서 감성적인 여행을 원하는 분께 딱이에요.

정답 p.242

Lektion 23

Können Sie bitte langsamer sprechen?
조금 더 천천히 말씀해 주실 수 있나요?

MP3 바로 듣기

🇩🇪 오늘의 학습 목표
- ✓ 화법조동사 3 : können

🇩🇪 오늘의 표현
- ✓ 조금 더 천천히 말씀해 주실 수 있나요? Können Sie bitte langsamer sprechen?
- ✓ 저 좀 도와주실 수 있나요? Können Sie mir helfen?
- ✓ 무엇을 해드릴까요? Was kann ich für Sie tun?

🇩🇪 오늘의 단어

할 수 있다	können	나중에	später
더 천천히	langsamer	수영하다	schwimmen
하다	tun	오늘	heute
전화 걸다	anrufen	매우	sehr
내일	morgen	잘	gut

오늘의 회화

  **Kann ich Ihnen helfen?** 제가 도와드릴 수 있을까요?

 **Nein, ich kann das allein machen.** 아니에요, 혼자 할 수 있어요.

  **Kannst du gut kochen?** 너 요리 잘 할 수 있어?

 **Nein, aber er kann gut kochen.** 아니, 하지만 그는 잘 해.

  **Können Sie Deutsch sprechen?** 독일어 하실 수 있나요?

 **Ja, ich kann ein bisschen Deutsch sprechen.** 네, 조금 할 수 있어요.

  **Du kannst das!** 넌 할 수 있어!

오늘의 학습 내용

1. 화법조동사 3

> **können**
> ~할 수 있다, 가능하다

können은 '~할 수 있다, 가능하다'라는 가능의 의미를 가진 화법조동사입니다.

1) können이 사용된 문장의 어순

평서문	주어 ➕ können ... 동사원형.
의문문	(의문사) ➕ Können ➕ 주어 ... 동사원형?

2) können 어미변화

ich	kann	wir	können
du	kannst	ihr	könnt
er / sie / es	kann	sie / Sie	können

2. können으로 문장 만들기

Ich kann Klavier spielen.
나는 피아노를 칠 수 있다.

Er kann sehr gut kochen.
그는 요리를 매우 잘 할 수 있다.

Kannst du morgen kommen?
너는 내일 올 수 있니?

Können Sie bitte langsamer sprechen?

조금 더 천천히 말씀해 주실 수 있나요?

Können Sie mir helfen?

저를 도와주실 수 있나요?

Wir können nicht schwimmen.

우리는 수영을 못해.

Was kann ich für Sie tun?

무엇을 해 드릴까요?

Was können wir heute machen?

우리는 오늘 무엇을 할 수 있을까?

Kannst du später anrufen?

나중에 전화해줄 수 있어?

Du kannst das!

넌 할 수 있어!

Ich kann heute nicht kommen.

저는 오늘 못 와요.

Könnt ihr gut schlafen?

너희는 잘 잘 수 있니?

오늘의 연습 문제

1 빈칸에 들어갈 동사를 올바른 형태로 쓰세요.

ich	❶	wir	❸
du	kannst	ihr	❹
er / sie / es	❷	sie / Sie	können

2 다음 단어들을 알맞은 형태로 바꿔 올바른 순서로 배열하세요.

❶ du, gut, können, kochen   너는 요리를 잘 할 수 있다.

➡ _____

❷ helfen, ich, dir, nicht, können   나는 너를 도울 수 없다.

➡ _____

❸ Sie, können, mir, helfen, bitte   저를 도와주실 수 있으신가요?

➡ _____

❹ was, können, tun, ich, für, Sie   제가 무엇을 해드릴까요?

➡ _____

3 우리말을 독일어로 바꿔 문장을 써보세요.

❶ 너가 나중에 전화해줄 수 있니?

➡ _____

❷ 그는 너를 도와줄 수 있어.

➡ _____

❸ 우리 내일은 뭘 할 수 있을까?

➡ _____

❹ 나는 축구를 매우 잘 할 수 있어.

➡ _____

독일 여행 Tipp!

중세의 매력 속으로, 뉘른베르크

뉘른베르크Nürnberg는 독일 중부 바이에른 주의 제2의 도시로, 중세 분위기가 고스란히 남아 있는 도시예요. 구시가지 전체가 성벽으로 둘러싸여 있으며, 뉘른베르크를 대표하는 독일 황제들의 성이자 요새였던 카이저부르크Kaiserburg에서는 도시 전체가 내려다보이는 멋진 전망을 감상할 수 있어요.

도시 중심에는 고풍스러운 성 로렌츠 교회St. Lorenzkirche와 활기찬 시장 광장이 있고, 게르만 국립박물관Germanisches Nationalmuseum에서는 독일 문화와 예술의 역사를 한눈에 살펴볼 수 있어요. 특히 겨울에는 세계적으로 유명한 크리스마스 마켓Christkindlesmarkt이 열려, 향긋한 글뤼바인(따뜻한 와인)과 수제 장식품으로 가득한 거리에서 진정한 독일식 겨울을 경험할 수 있답니다.

Lektion 24

Wollen wir Musik hören?
우리 음악 들을래?

MP3 바로 듣기

🇩🇪 오늘의 학습 목표
- ✓ 화법조동사 4 : wollen

🇩🇪 오늘의 표현
- ✓ 우리 음악 들을래? Wollen wir Musik hören?
- ✓ 난 자기 싫어. Ich will nicht schlafen.
- ✓ 넌 뭘 갖고 싶니? Was willst du haben?

🇩🇪 오늘의 단어

결혼하다	heiraten	모든 것	alles
머물다	bleiben	아무것도	nichts
여기	hier	진실	e. Wahrheit
음악	e. Musik	말하다	sagen
듣다	hören	삭제하다	löschen

오늘의 회화

  Was wollen wir jetzt machen? 이제 우리 뭐할까?

 **Ich will Spanisch lernen.** 나는 스페인어를 배울 거야.

  **Wollen wir Musik hören?** 우리 음악 들을래?

 **Nein, nicht jetzt.** 아니, 지금은 말고.

  Was willst du sagen? 너는 무엇을 말하고 싶어?

 **Ich will nichts sagen.** 나는 아무것도 말하고 싶지 않아.

  **Wollt ihr kommen?** 너희 올 거니?

 **Ja, wir wollen kommen.** 네, 저희는 올 거예요.

오늘의 학습 내용

1. 화법조동사 4

wollen
~하고 싶다, 할 것이다

wollen은 '~하고 싶다, 할 것이다'라는 의지, 의도, 계획의 의미를 가진 화법조동사입니다.

1) wollen이 사용된 문장의 어순

평서문: 주어 ➕ wollen ... 동사원형.

의문문: (의문사) ➕ Wollen ➕ 주어 ... 동사원형?

2) wollen 어미변화

ich	will	wir	wollen
du	willst	ihr	wollt
er / sie / es	will	sie / Sie	wollen

2. wollen으로 문장 만들기

Was willst du machen?
너는 무엇을 하길 원하니?

Ich will nicht schlafen.
나는 자기 싫어.

Was willst du haben?
너는 무엇을 갖고 싶니?

Ich will hier bleiben.
저는 여기에 있을 거에요.

Ich will ihn heiraten.
나는 그와 결혼할거야.

Wollen wir Musik hören?
우리 음악 들을까?

Sie will nichts essen.
그녀는 아무것도 먹지 않을 것이다.

Wollen Sie alles löschen?
당신은 모든 것을 삭제하실 건가요?

Was wollt ihr werden?
너희는 뭐가 되고 싶어?

Ich will die Wahrheit sagen.
난 진실을 말할 거야.

Er will dich treffen.
그는 너를 만날 거야.

Wollt ihr nicht kommen?
너희는 안 올 거니?

오늘의 연습 문제

1 빈칸에 들어갈 동사를 올바른 형태로 쓰세요.

ich	❶	wir	wollen
du	❷	ihr	wollt
er / sie / es	❸	sie / Sie	wollen

2 다음 단어들을 알맞은 형태로 바꿔 올바른 순서로 배열하세요.

❶ ich, nichts, essen, wollen   나는 아무것도 먹고 싶지 않다.

➡ _____

❷ wann, kommen, ihr, wollen   너희들은 언제 오고 싶니?

➡ _____

❸ wollen, alles, Sie, löschen   전부 삭제하시겠습니까?

➡ _____

❹ ich, wollen, heiraten, ihn   나는 그와 결혼하고 싶다.

➡ _____

3 우리말을 독일어로 바꿔 문장을 써보세요.

❶ 나는 너를 만나고 싶어.

➡ _____

❷ 너는 여기에 머무를거니?

➡ _____

❸ 너희는 뭐가 되고 싶니?

➡ _____

❹ 그는 진실을 말할거야.

➡ _____

독일 여행 Tipp!

태양의 도시, 프라이부르크

프라이부르크Freiburg는 독일 남서부, 프랑스와 스위스 국경 근처에 위치한 작고 아름다운 도시로, 독일에서 가장 햇빛이 많은 도시로 알려져 있어요. 도시를 거닐다 보면 발 아래 흐르는 작은 수로 베히레Bächle와 알록달록한 마을 분위기가 인상 깊어요. 프라이부르크 대성당Freiburger Münster은 도시의 중심에 우뚝 서 있으며, 주말에는 대성당 광장에서 열리는 재래시장에서 신선한 과일, 꽃, 먹거리를 즐길 수 있어요.

이 도시는 친환경 도시계획으로도 유명해서, 도보와 자전거로 여행하기 좋고, '파란 에너지'가 실현된 본보기를 직접 체험할 수 있어요. 또한 천혜의 환경을 자랑하는 블랙 포레스트(슈바르츠발트 Schwarzwald)의 입구에 위치해 있어, 자연 속 트레킹을 즐기기에도 최적의 도시예요.

Lektion 25

Wiederholung
20~24강 복습

MP3 바로 듣기

🇩🇪 오늘의 학습 목표
- ✓ 직업 묻고 답하기 복습하기
- ✓ 관사를 사용하지 않는 경우 복습하기
- ✓ 화법조동사 복습하기

🇩🇪 오늘의 표현

✓ 저 좀 도와주실 수 있나요?	Können Sie mir bitte helfen?
✓ 제가 좀 봐도 될까요?	Darf ich mal sehen?
✓ 저는 (직업상) 의사입니다.	Ich bin Ärztin (von Beruf).

오늘의 회화

Können Sie mir bitte helfen?
저 좀 도와주실 수 있나요?

Meine Güte! Sind Sie in Ordnung?
어머나! 괜찮으세요?

Ich bin verletzt.
다쳤어요.

Darf ich mal sehen? Ich bin Ärztin von Beruf.
제가 좀 봐도 될까요? 저는 의사입니다.

Ja, bitte. Ich danke Ihnen herzlich.
네, 그렇게 해주세요. 진심으로 감사드립니다.

mir 나에게 | bitte 제발, 부탁합니다 | helfen 돕다 | meine Güte! 세상에!, 맙소사! | in Ordnung 괜찮은 | verletzt 다친 | e. Ärztin (여자) 의사 | herzlich 진심으로

오늘의 학습 내용

1 직업 묻고 답하기

1) Was sind Sie von Beruf?

- 직업은 의문사 was를 사용하여 질문
- 직업적으로 = von Beruf
- 당신은 '무엇'이라 정의할 수 있는가? ➔ sein 동사와 함께 활용

| Was + sein 동사 + 주어 + (von Beruf)? | | 주어 + sein 동사 + (von Beruf). |

2) Was machen Sie beruflich?

- 직업은 의문사 was를 사용하여 질문
- 직업상 = beruflich
- 어떤 일, 무슨 일을 하십니까? ➔ machen 동사와 함께 활용

| Was + machen 동사 + 주어 + (beruflich)? | | 주어 + machen 동사 + (beruflich). |

3) Ich bin ... (von Beruf).

보통 직업이나 신분을 말할 때 관사를 쓰지 않습니다.

① 직업을 말할 때

| Ich bin + 직업명. | | Ich arbeite als 직업명. |

② 회사 이름을 말할 때

Ich arbeite bei 회사명.

❷ 관사를 사용하지 않는 경우

① 직업이나 신분
② 물질명사, 추상명사 (음식, 시간, 돈…)
③ 이름, 도시, 중성 국가
④ 불특정 복수 명사 (아이들, 형제자매들)
⑤ 국적이나 언어 (독일인, 한국어)

❸ 화법조동사

1) 화법조동사의 의미

- 화법조동사 : 가능성, 의무, 의지, 허락 등을 나타내는 조동사
- 같은 문장이라도 화법조동사에 따라 의미가 달라질 수 있기 때문에 뉘앙스, 분위기, 맥락이 중요

2) 화법조동사의 특징

- 화법조동사가 사용된 문장에서는 본동사(동사원형, Infinitiv)가 문장의 맨 끝에 위치
- 모든 화법조동사는 불규칙동사
- 화법조동사는 1인칭 단수 ich와 3인칭 단수 er / sie / es의 어미변화가 같음

❹ 화법조동사의 활용

	möchten	dürfen	können	wollen
ich	möchte	darf	kann	will
du	möchtest	darfst	kannst	willst
er / sie / es	möchte	darf	kann	will
wir	möchten	dürfen	können	wollen
ihr	möchtet	dürft	könnt	wollt
sie / Sie	möchten	dürfen	können	wollen

1) möchten ~를 원하다/하고 싶다 (공손한 요청 시 사용)

평서문	주어	➕	möchten ... 동사원형.
의문문	(의문사)	➕	Möchten ➕ 주어 ... 동사원형?

Ich möchte bestellen. 저 주문하고 싶어요.
Was möchten Sie trinken? 무엇을 마시고 싶으세요?
Was möchtest du machen? 넌 뭐하고 싶어?
Sie möchte in Deutschland studieren. 그녀는 독일에서 공부하길 원한다.

2) dürfen ~해도 괜찮다, ~해도 된다 ('허락'하는 의미)

평서문	주어	➕	dürfen ... 동사원형.
의문문	(의문사)	➕	Dürfen ➕ 주어 ... 동사원형?

Ich darf das essen. 나는 그것을 먹어도 된다.
Darf ich mal sehen? 제가 한 번 봐도 될까요?
Darf ich reinkommen? 들어가도 될까요?
Darf ich das anprobieren? 제가 입어봐도 될까요?

3) können ~할 수 있다, 가능하다 ('가능'의 의미)

평서문	주어	➕	können ... 동사원형.
의문문	(의문사)	➕	Können ➕ 주어 ... 동사원형?

Können Sie bitte langsamer sprechen? 조금 더 천천히 말씀해 주실 수 있나요?

Können Sie mir helfen? 저를 도와주실 수 있나요?

Du kannst das! 넌 할 수 있어!

Ich kann heute nicht kommen. 저는 오늘 못 와요.

4) wollen ~하고 싶다, 할 것이다 ('의지, 의도, 계획'의 의미)

평서문	주어	➕	wollen ... 동사원형.		
의문문	(의문사)	➕	Wollen	➕	주어 ... 동사원형?

Was willst du machen? 너는 무엇을 하길 원하니?

Ich will nicht schlafen. 나는 자기 싫어.

Er will dich treffen. 그는 너를 만날 거야.

Wollt ihr nicht kommen? 너희는 안 올거니?

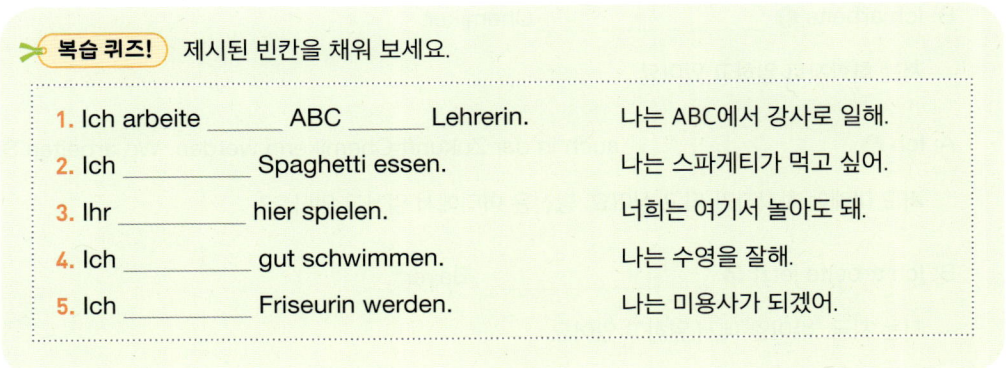

> **복습 퀴즈!** 제시된 빈칸을 채워 보세요.
>
> 1. Ich arbeite _____ ABC _____ Lehrerin.   나는 ABC에서 강사로 일해.
> 2. Ich _____ Spaghetti essen.   나는 스파게티가 먹고 싶어.
> 3. Ihr _____ hier spielen.   너희는 여기서 놀아도 돼.
> 4. Ich _____ gut schwimmen.   나는 수영을 잘해.
> 5. Ich _____ Friseurin werden.   나는 미용사가 되겠어.

[정답] 1. bei, als | 2. möchte | 3. dürft | 4. kann | 5. will

실전 Test

1 우리말 해석을 참고해서 빈칸에 알맞은 형태의 화법조동사를 넣어보세요.

① Ich _____ gut kochen. 　　나는 요리를 잘 할 수 있어.

② _____ du auch einen Kaffee? 　　너도 커피 마시고 싶니?

③ Ihr _____ jetzt gehen. 　　너희들은 이제 가도 돼.

④ Was _____ Sie kaufen? 　　당신은 무엇을 사고자 하시나요?

⑤ _____ man hier rauchen? 　　여기서 흡연해도 되나요?

2 다음 대화를 읽고 빈칸에 적절한 단어를 넣어보세요.

A: Freut mich! Ich bin Jana. Wie heißen Sie?

반갑습니다! 저는 야나예요. 당신은 이름이 어떻게 되나요?

B: Ich bin Karl. Was ① _____ Sie beruflich?

저는 칼이에요. 당신은 무슨 일을 하시나요?

A: Ich studiere jetzt. Und Sie? Was ② _____ Sie von Beruf?

저는 지금 대학 공부 중이에요. 당신은요? 당신은 직업이 뭐예요?

B: Ich arbeite ③ _____ Chemiker.

저는 화학자로 일하고 있어요.

A: Ich ④ _____ auch in der Zukunft Chemikerin werden. Wo arbeiten Sie?

저도 미래에 화학자가 되고 싶어요. 당신은 어디에서 일하고 있나요?

B: Ich arbeite jetzt ⑤ _____ „Bayer".

저는 지금 "바이엘"에서 일하고 있어요.

3 우리말 해석을 참고해서 다음 질문에 적절한 대답을 적어보세요.

❶ A: Was möchten Sie trinken?

　　무엇을 마시고 싶으신가요?

　B: _____

　　저는 커피를 한 잔 마시고 싶어요.

❷ A: Darf man hier parken?

　　여기에 주차해도 되나요?

　B: _____

　　아니요, 당신은 여기에 주차하시면 안 됩니다.

❸ A: Kommt er heute mit?

　　오늘 그도 같이 오니?

　B: _____

　　아니, 그는 오늘 올 수 없어.

❹ A: Was machen wir jetzt?

　　우리 이제 뭐 할까?

　B: _____

　　우리 영화 한 편 볼래?

❺ A: Können Sie Deutsch sprechen?

　　독일어 하실 수 있나요?

　B: _____

　　네, 조금 할 수 있어요.

Lektion 26

Ich muss Deutsch lernen.
나 독일어 공부해야 돼.

MP3 바로 듣기

🇩🇪 오늘의 학습 목표
✓ 화법조동사 5 : müssen

🇩🇪 오늘의 표현
✓ 나 독일어 공부해야 돼. Ich muss Deutsch lernen.
✓ 너는 숙제해야 돼. Du musst die Hausaufgaben machen.
✓ 여기에 사인하셔야 해요. Sie müssen hier unterschreiben.

🇩🇪 오늘의 단어

아직	noch	서명하다	unterschreiben
벌써	schon	청소하다	aufräumen
연습하다	üben	빨리	schnell
집에	zu Hause	달리다	laufen
나중에	später	돌아가다	zurückgehen

오늘의 회화

 **Was musst du machen?** 너는 무엇을 해야 해?

 **Ich muss Deutsch lernen.** 나는 독일어를 공부해야 돼.

 **Müsst ihr die Hausaufgaben machen?** 너희는 숙제를 해야 되니?

 **Ja, wir müssen das machen.** 네, 저희는 그걸 해야 돼요.

 Wo ist er? 그는 어디에 있어?

 **Er muss zu Hause sein.** 그는 분명 집에 있을 거야.

 **Was machst du?** 너 뭐 하는 거야?

 **Ich muss nach Hause gehen.** 나는 집에 가야 해.

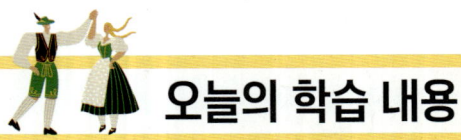

오늘의 학습 내용

① 화법조동사 5

> **müssen**
> ~해야만 한다, ~임에 틀림없다

müssen은 '~해야만 한다, ~임에 틀림없다'라는 의무, 필연, 확신의 의미를 가진 화법조동사입니다. 참고로, '~할 필요 없다'와 같이 불필요의 의미를 나타낼 때는 müssen nicht 라고 표현합니다.

1) müssen이 사용된 문장의 어순

평서문	주어	＋	müssen ... 동사원형.		
의문문	(의문사)	＋	Müssen	＋	주어 ... 동사원형?

2) müssen 어미변화

ich	muss	wir	müssen
du	musst	ihr	müsst
er / sie / es	muss	sie / Sie	müssen

② müssen으로 문장 만들기

Müsst ihr jetzt schon **gehen**?
너희는 지금 벌써 가야 하니?

Ich **muss** Deutsch **lernen**.
나는 독일어 공부 해야 돼.

Wir **müssen** **üben**.
우리는 연습해야 된다.

Er muss zu Hause sein.
그는 집에 있음에 틀림없다.

Sie muss später kommen.
그녀는 나중에 와야 한다.

Sie müssen hier unterschreiben.
당신은 여기에 서명하셔야 해요.

Was muss ich noch machen?
제가 뭘 더 해야 하죠?

Ihr müsst nicht kommen.
너희는 올 필요 없어.

Wir müssen viel arbeiten.
우리는 일을 많이 해야 돼.

Ich muss aufräumen.
난 청소해야 돼.

Ihr müsst schnell laufen.
너희는 빨리 달려야 돼.

Er muss zurück(gehen).
그는 돌아가야 된다.

오늘의 연습 문제

1 빈칸에 들어갈 동사를 올바른 형태로 쓰세요.

ich	❶	wir	müssen
du	❷	ihr	❸
er / sie / es	muss	sie / Sie	❹

2 다음 단어들을 알맞은 형태로 바꿔 올바른 순서로 배열하세요.

❶ ich, nach Hause, gehen, müssen   나는 집에 가야 한다.

➡ _____

❷ müssen, du, lernen, Deutsch   너는 독일어를 배워야만 하니?

➡ _____

❸ müssen, ihr, gehen, jetzt, schon   너희들 이제 벌써 가야 하니?

➡ _____

❹ wir, machen, müssen, die Hausaufgaben   우리는 숙제를 해야만 한다.

➡ _____

3 우리말을 독일어로 바꿔 문장을 써보세요.

❶ 당신은 여기에 서명하셔야 해요.

➡ _____

❷ 너는 올 필요 없어.

➡ _____

❸ 그녀는 나중에 와야 한다.

➡ _____

❹ 그는 집에 있음에 틀림없다.

➡ _____

독일 여행 Tipp!

음악과 예술의 도시, 라이프치히

라이프치히Leipzig는 작센 주의 대표 도시로, 전통과 현대가 아름답게 어우러지는 문화 도시예요. 음악의 아버지 바흐Johann Sebastian Bach가 오랫동안 활동했던 곳으로, 그의 음악을 기리는 바흐 박물관Bach-Museum과 성 토마스 교회Thomaskirche가 있어요. 또한 세계적으로 유명한 게반트하우스 오케스트라Gewandhausorchester의 수준 높은 클래식 공연을 감상할 수 있어요.

예술가들과 젊은 창작자들이 모이는 라이프치히 구 시청 광장은 트렌디한 카페와 갤러리, 빈티지 숍들이 있어 감각적인 분위기를 느끼기에 딱이죠. 이곳은 역사, 예술, 현대적 감각이 모두 어우러져 있어 문화 애호가에게 강력 추천하는 도시예요.

Lektion 27

Ich soll die Medikamente nehmen.
나 이 약을 먹어야 한대.

MP3 바로 듣기

오늘의 학습 목표
- 화법조동사 6 : sollen

오늘의 표현
- 나 이 약을 먹어야 한대. Ich soll die Medikamente nehmen.
- 너는 운동을 더 하는 게 좋겠어. Du sollst mehr Sport machen.
- 당신은 다이어트를 하셔야겠어요. Sie sollen eine Diät machen.

오늘의 단어

약 (복수)	Pl. Medikamente	침묵하다	schweigen
복용하다	nehmen	더 열심히	fleißiger
더 많이	mehr	그만두다	aufhören
거짓말하다	lügen	설거지하다	abwaschen
일어나다	aufstehen	다이어트하다	Diät machen

오늘의 회화

#1

 **Was machst du morgen?** — 내일 뭐해?

 **Ich soll Deutsch lernen.** — 나는 독일어를 공부해야 돼.

#2

 **Was soll ich machen?** — 나는 뭘 해야 될까?

 **Du sollst mehr Sport machen.** — 너는 운동을 더 많이 하는 게 좋겠어.

#3

 **Wie ist das Wetter morgen?** — 내일 날씨가 어때?

 **Es soll morgen regnen.** — 내일 비 온대.

#4

 **Sie sollen jetzt aufstehen.** — 지금 일어나셔야 해요.

 **Alles klar.** — 알겠어요.

Lektion 27 Ich soll die Medikamente nehmen.

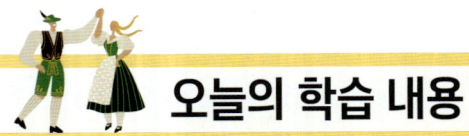

오늘의 학습 내용

① 화법조동사 6

sollen
~해야 한다, 하는 게 좋다

sollen은 '~해야 한다, 하는 게 좋다'라는 타인의 의지, 충고나 조언, 도덕적 의무의 의미를 가진 화법조동사입니다. 또한, 소문이나 전해 들은 정보를 전달할 때도 쓰입니다.

1) sollen이 사용된 문장의 어순

평서문	주어	➕	sollen ... 동사원형.		
의문문	(의문사)	➕	Sollen	➕	주어 ... 동사원형?

2) sollen 어미변화

ich	soll	wir	sollen
du	sollst	ihr	sollt
er / sie / es	soll	sie / Sie	sollen

② sollen으로 문장 만들기

Was soll ich machen?
저는 뭘 해야 되죠?

Der Arzt sagt, ich soll die Medikamente nehmen.
의사 선생님께서 제가 이 약을 먹어야 한대요.

Man soll nicht lügen.
사람들은 거짓말을 하면 안 된다.

Es soll morgen regnen.
내일 비가 올 것이라고 한다.

Sie soll nicht so viel rauchen.
그녀는 너무 많이 흡연하면 안 된다.

Du sollst mehr Sport machen.
너는 운동을 더 많이 해야겠다.

Sie sollen jetzt aufstehen.
지금 일어나셔야 해요.

Ihr sollt schweigen.
너희는 침묵해야 해.

Wir sollen fleißiger arbeiten.
우리는 더 열심히 일해야 한대.

Sie soll aufhören.
그녀는 그만해야 돼.

Sie sollen die Hausaufgaben machen.
그들은 숙제를 해야 한대.

Ich soll das Geschirr abwaschen.
나는 설거지를 해야 해.

오늘의 연습 문제

1 빈칸에 들어갈 동사를 올바른 형태로 쓰세요.

ich	❶	wir	sollen
du	sollst	ihr	❸
er / sie / es	❷	sie / Sie	❹

2 다음 단어들을 알맞은 형태로 바꿔 올바른 순서로 배열하세요.

❶ du, mehr Sport, machen, sollen   너는 운동을 더 해야 돼.

➡ _____

❷ was, ich, sollen, machen   제가 무엇을 하면 될까요?

➡ _____

❸ man, sollen, lügen, nicht   거짓말을 해서는 안 된다.

➡ _____

❹ sollen, ihr, eine Diät, machen   너희들은 다이어트를 해야 돼.

➡ _____

3 우리말을 독일어로 바꿔 문장을 써보세요.

❶ 오늘 비가 온대.

➡ _____

❷ 나는 이 약을 먹어야 한대.

➡ _____

❸ 너는 독일어 공부해야 된대.

➡ _____

❹ 당신은 설거지하셔야 합니다.

➡ _____

독일 여행 Tipp!

낭만이 가득한 도시, 하이델베르크

하이델베르크Heidelberg는 그림 같은 고성과 고풍스러운 구시가지로 유명한 낭만적인 도시예요. 가장 유명한 명소는 단연 하이델베르크 성Heidelberger Schloss으로, 언덕 위에 자리한 붉은빛 석조 성에서 내려다보는 도시 전경은 정말 잊을 수 없답니다. 성 안에는 세계에서 가장 큰 와인통도 있어 관람 포인트 중 하나예요. 강가를 따라 펼쳐진 카를 테오도르 다리Alte Brücke를 건너면 아기자기한 골목과 카페, 상점들이 늘어선 구시가지가 이어지며, 이곳에서는 유럽 특유의 여유로움을 만끽할 수 있어요. 또한, 하이델베르크 대학교Universität Heidelberg는 독일에서 가장 오래된 대학으로, 대학 도서관과 학생감옥Studentenkarzer 등도 흥미로운 방문지예요.

도시는 도보로 대부분 관광이 가능하며, 버스와 트램도 잘 연결되어 있어 편리해요. 하이델베르크는 규모는 작지만 매력이 가득한 도시로, 하루 또는 1박 2일 여행지로도 딱이에요!

정답 p.243

Lektion 28

Das ist kein Laptop.
이것은 노트북이 아니다.

MP3 바로 듣기

🇩🇪 오늘의 학습 목표
- ✓ 명사 부정어 kein
- ✓ 가격 묻고 답하기 : kosten
- ✓ 0~10000까지의 수

🇩🇪 오늘의 표현
- ✓ 이것은 노트북이 아냐.　　　Das ist kein Laptop.
- ✓ 나는 시간이 없어.　　　　　Ich habe keine Zeit.
- ✓ 생각 없으신가요?　　　　　Haben Sie keine Lust?

🇩🇪 오늘의 단어

책상	r. Tisch	맞다	passen
의자	r. Stuhl	손님	r. Gast
가위	e. Schere	대답하다	antworten
공책	s. Heft	사람들	Pl. Menschen
바나나	e. Banane	노트북	r. Laptop

오늘의 회화

  **Ist das ein Tisch?** 이건 하나의 책상이니?

 **Nein, das ist kein Tisch. Das ist ein Stuhl.** 아니, 이건 책상이 아니야. 그건 의자야.

  **Ist das keine Schere?** 그것은 가위가 아닌가요?

 **Nein, das ist keine Schere.** 아니요, 이건 가위가 아니에요.

  Hast du Geschwister? 너는 형제자매를 가지고 있니?

 **Nein, ich habe keine Geschwister.** 아뇨, 저는 형제 자매를 갖고 있지 않아요.

  **Haben Sie Kinder?** 아이가 있으신가요?

 **Ja, ich habe eine Tochter, aber keinen Sohn.** 네, 딸은 하나 있고 아들은 없어요.

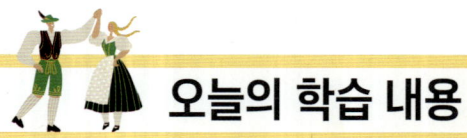

오늘의 학습 내용

① 명사 부정어 kein ('~가 아닌, 없는')

kein은 명사를 부정하는 부정관사류로, 원래 부정관사와 같이 사용하는 명사 또는 관사가 없이 사용되는 명사를 부정할 때 사용됩니다.

1) kein의 어미변화 규칙

단수형일 경우	복수형일 경우
부정관사와 어미변화 동일	정관사와 어미변화 동일

2) 명사 부정어 kein 어미변화

	남성	여성	중성	복수
1격	kein	keine	kein	keine
2격	keines	keiner	keines	keiner
3격	keinem	keiner	keinem	keinen
4격	keinen	keine	kein	keine

Das ist kein Stuhl.	이것은 의자가 아니다.
Hier ist keine Schere.	여기에는 가위가 없다.
Das ist kein Heft.	이것은 공책이 아니다.
Ich habe keinen Bruder.	나는 남자 형제를 가지고 있지 않다.
Sie hat keine Schwester.	그녀는 자매를 가지고 있지 않다.
Er hat kein Kind.	그는 아이를 가지고 있지 않다.
Das ist kein Laptop.	이것은 노트북이 아니다.
Ich habe keine Geschwister.	나는 형제 자매를 가지고 있지 않다.
Das ist keine Banane.	이것은 바나나가 아니다.

Ich habe keine Zeit.   나는 시간을 가지고 있지 않다.

Hast du keine Lust?   너는 (그럴) 생각 없니?

Das ist kein Problem.   그건 문제가 아냐.

Wir helfen keinem Schüler.   우리는 어떤 학생도 도와주지 않는다.

Das passt keinem Gast.   그것은 어떤 손님에게도 맞지 않는다.

Er antwortet keinen Menschen.   그는 어떤 사람들에게도 대답하지 않는다.

② kosten ('~의 값이 나가다')

- kosten는 가격을 묻거나 답할 때 쓰는 동사로, 4격 지배 동사입니다.
- Das kostet ... (+4격) : 그것은 ~의 가격이 든다. ➜ 목적어를 4격 형태로 갖습니다.

1) 가격 묻기

한국어	얼마입니까?	
독일어	Was kostet das?	Wie viel kostet das?

2) 숫자 익히기

0~12	0	null		
	1	eins	7	sieben
	2	zwei	8	acht
	3	drei	9	neun
	4	vier	10	zehn
	5	fünf	11	elf
	6	sechs	12	zwölf

Lektion 28 Das ist kein Laptop.

13~20	13	drei<u>zehn</u>	17	sieb<u>zehn</u>
	14	vier<u>zehn</u>	18	acht<u>zehn</u>
	15	fünf<u>zehn</u>	19	neun<u>zehn</u>
	16	sech<u>zehn</u>	20	zwan<u>zig</u>

21~30	21	<u>ein</u>undzwanzig	26	sechsundzwanzig
	22	zweiundzwanzig	27	siebenundzwanzig
	23	dreiundzwanzig	28	achtundzwanzig
	24	vierundzwanzig	29	neunundzwanzig
	25	fünfundzwanzig	30	dreißig

40~10,000	40	vierzig	100	(ein) hundert
	50	fünfzig	1000	(ein) tausend
	60	sechzig	10000	zehntausend
	70	siebzig		
	80	achtzig		

3) 가격 말하기

3,50 Euro	0,99 Euro
Drei Euro fünfzig	Neunundneunzig Cent

Das Heft kostet einen Euro.　　　　그 공책은 1유로이다.

Die Schere kostet fünf Euro achtzig.　　그 가위는 5유로 80센트이다.

Was kostet der Stuhl?　　　　　　그 의자는 얼마입니까?

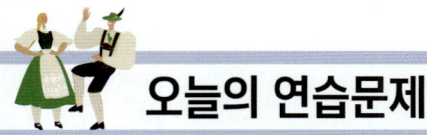

오늘의 연습문제

1 빈칸에 들어갈 어미를 쓰세요. (어미가 없는 경우도 있음)

① Das ist kein____ Schere.

② Ich habe kein____ Laptop.

③ Hast du kein____ Lust?

④ Er hat kein____ Geschwister.

⑤ Das ist kein____ Problem.

⑥ Er hilft kein____ Schüler.

⑦ Das ist kein____ Tisch.

⑧ Der Kugelschreiber kostet ein____ Euro.

2 다음 숫자를 독일어로 쓰세요.

4	①	11	②
6	③	15	④
17	⑤	21	⑥
32	⑦	43	⑧
56	⑨	67	⑩
78	⑪	84	⑫
95	⑬	100	⑭

정답 p.243

Ich weiß es nicht.
잘 모르겠어요.

MP3 바로 듣기

🇩🇪 오늘의 학습 목표
- ✓ 불규칙 동사 wissen
- ✓ 부정어 nicht
- ✓ 부정의문문과 대답

🇩🇪 오늘의 표현
- ✓ 잘 모르겠어요. Ich weiß es nicht.
- ✓ 너 베를린에 안 살지? Wohnst du nicht in Berlin?
- ✓ 웬걸, 난 베를린에 살지. Doch, ich wohne in Berlin.

오늘의 회화

#1

Ist das kein Tisch? 이건 책상이 아니니?

Doch, das ist ein Tisch. 웬걸, 그건 하나의 책상이야.

#2

Wohnt er nicht in Deutschland? 그는 독일에 살지 않지?

Doch, er wohnt in Berlin. 웬걸, 그는 베를린에 살아.

#3

Hast du keine Geschwister? 너는 형제자매를 가지고 있지 않니?

Nein, ich habe keine Geschwister. 아뇨, 저는 형제 자매를 갖고 있지 않아요.

#4

Was ist das? Weißt du das? 이게 뭐야? 너는 아니?

Nein, ich weiß es auch nicht. 아니, 나도 몰라.

#5

Hast du Hunger? 너 배고프니?

Nein, ich habe keinen Hunger. 아니, 나 배 안 고파.

Lektion 29 Ich weiß es nicht.

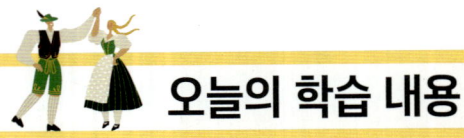

오늘의 학습 내용

① wissen (사실, 지식에 대해 알고 있다)

wissen은 불규칙 동사이며, 화법조동사처럼 1인칭 단수와 3인칭 단수의 형태가 같습니다.

ich	weiß	wir	wissen
du	weißt	ihr	wisst
er / sie / es	weiß	sie / Sie	wissen

Weißt du das?	너 그거 아니?
Nein, ich weiß es nicht.	아니, 나는 모르겠어.
Er weiß nichts.	그는 아무것도 모른다.
Wisst ihr etwas?	너희는 뭔가를 알고 있니?
Sie wissen das nicht.	당신은 그것을 모릅니다.
Er weiß das schon.	그가 그걸 이미 알고 있어.

② nicht

nicht는 동사(문장 전체), 부사, 형용사, 전치사, 소유관사, 정관사 등을 부정합니다.

Ich weiß (es) nicht.	나는 (그것)을 모르겠어.
Ich habe keine Ahnung.	나는 전혀 모르겠어.

TIPP 무관사나 부정관사가 붙은 명사만 kein으로 부정합니다.

1) 동사(문장 전체)를 부정할 때

동사(문장 전체)를 부정할 때 nicht는 맨 뒤로 보내고, 그 외는 부정할 것 앞에 nicht를 놓습니다.

> Ich kaufe das nicht.

2) 부사를 부정할 때

> Ich laufe nicht schnell.

3) 형용사를 부정할 때

> Das ist nicht schön.

4) 전치사를 부정할 때

> Ich komme nicht aus Japan.

5) 소유관사를 부정할 때

> Das ist nicht mein Kuli.

6) 정관사를 부정할 때

> Das ist nicht die Tasche.

③ 부정의문문

부정의문문은 nicht와 kein과 같이 부정어가 들어간 질문을 하는 문장입니다.

1) 부정의문문으로 질문하기

Kommst du nicht aus Korea?	너 한국에서 온 거 아니야?
Hast du kein Handy?	너 휴대전화 없어?

2) 부정의문문에 대답하기

부정의문문에 대한 긍정 대답은 Ja가 아니라 Doch를 사용합니다.

질문	Kommst du nicht aus Korea?	
	긍정 대답	부정 대답
답변	Doch, ich komme aus Korea. 응, 나 한국에서 왔어.	Nein, ich komme nicht aus Korea. 아니야, 나 한국 출신이 아니야.

질문	Hast du kein Handy?	
	긍정 대답	부정 대답
답변	Doch, ich habe ein Handy. 응, 나 휴대전화 있어.	Nein, ich habe kein Handy. 아니야, 나 휴대전화 없어.

오늘의 연습문제

1 wissen 동사의 어미변화 표를 완성하세요.

ich	❶	wir	wissen
du	❷	ihr	❹
er / sie / es	❸	sie / Sie	wissen

2 빈칸에 들어갈 알맞은 부정어를 골라 동그라미 하세요.

❶ Ich komme (nicht/kein) aus Japan.

❷ Das ist (nicht/kein) mein Handy.

❸ Ich weiß es (nicht/kein).

❹ Er hat (nicht/kein) Auto.

3 빈칸에 들어갈 말을 Ja/Nein/Doch 중에 골라 쓰세요.

❶ A: Arbeiten Sie hier?

B: _____, ich arbeite hier.

❷ A: Sind Sie 32 Jahre alt?

B: _____, ich bin 31 Jahre alt.

❸ A: Wohnst du nicht in Korea?

B: _____, ich wohne in Seoul.

정답 p.244

MP3 바로 듣기

Wiederholung
26~29강 복습

🇩🇪 오늘의 학습 목표

- ✓ 숫자 복습하기
- ✓ 화법조동사 복습하기
- ✓ 부정어(kein, nicht) 복습하기
- ✓ 가격 묻고 답하기 복습하기
- ✓ wissen 동사 복습하기
- ✓ 부정의문문 복습하기

🇩🇪 오늘의 표현

✓ 나 다이어트 해야 돼.	Ich muss eine Diät machen.
✓ 웬걸! (나 매일 운동해.)	Doch! (Ich mache jeden Tag Sport.)
✓ 너 운동을 더 많이 하는 게 좋겠어.	Du sollst mehr Sport machen.

오늘의 회화

Ich muss eine Diät machen.
나 다이어트 해야 돼.

Wir können zusammen eine Diät machen!
우리 함께 다이어트 할 수 있어!

Du machst nicht jeden Tag Sport, oder?
너 운동을 매일 하는 것은 아니지, 그치?

Doch! Du sollst auch mehr Sport machen.
매일 해! 너도 운동을 더 많이 하는 게 좋겠어.

Du hast Recht. Ich mache das sofort!
네 말이 맞아. 나 바로 해야지!

zusammen 함께, 같이 | jeden Tag 매일 | mehr 더 많이 | sofort 즉시, 바로

오늘의 학습 내용

1 화법조동사

	müssen	sollen
ich	muss	soll
du	musst	sollst
er / sie / es	muss	soll
wir	müssen	sollen
ihr	müsst	sollt
sie / Sie	müssen	sollen

1) müssen ~해야만 한다, ~임에 틀림없다 (의무, 필연, 확신)

평서문	주어	➕	müssen ... 동사원형.		
의문문	(의문사)	➕	Müssen	➕	주어 ... 동사원형?

★TIPP '~할 필요 없다'와 같이 불필요의 의미를 나타낼 때는 müssen nicht 라고 표현합니다.

Müsst ihr jetzt schon gehen?	너희는 지금 벌써 가야 하니?
Ich muss Deutsch lernen.	나는 독일어 공부 해야 돼.
Was muss ich noch machen?	제가 뭘 더 해야 하죠?
Ihr müsst nicht kommen.	너희는 올 필요 없어.

2) sollen ~해야 한다, 하는게 좋다 (타인의 의지, 충고나 조언, 도덕적 의무)

평서문	주어	➕	sollen ... 동사원형.		
의문문	(의문사)	➕	Sollen	➕	주어 ... 동사원형?

★TIPP 소문이나 전해 들은 정보를 전달할 때도 쓰입니다.

Was soll ich machen? 저는 뭘 해야 되죠?

Man soll nicht lügen. 사람들은 거짓말을 하면 안 된다.

Sie sollen jetzt aufstehen. 지금 일어나셔야 해요.

Ihr sollt schweigen. 너희는 침묵해야 해.

❷ 명사 부정어 kein ('~가 아닌, 없는')

- kein은 명사를 부정하는 부정관사류로, '~가 아닌, 없는'이라는 의미
- 원래 부정관사와 같이 사용하는 명사, 관사가 없이 사용되는 명사를 부정할 때 사용

	남성	여성	중성	복수
1격	kein	keine	kein	keine
2격	keines	keiner	keines	keiner
3격	keinem	keiner	keinem	keinen
4격	keinen	keine	kein	keine

❸ kosten ('~의 값이 나가다')

- kosten는 가격을 묻거나 답할 때 쓰는 동사로, 4격 지배 동사
- Das kostet … (+4격) : 그것은 ~의 가격이 든다. ➔ 목적어를 4격 형태로 갖습니다.

1) 가격 묻기

Was kostet das? 얼마입니까?

Wie viel kostet das? 얼마입니까?

2) 가격 말하기

Drei Euro fünfzig   3,50 Euro

Neunundneunzig Cent   0,99 Euro

④ wissen (사실, 지식에 대해 알고 있다)

ich	weiß	wir	wissen
du	weißt	ihr	wisst
er / sie / es	weiß	sie / Sie	wissen

⑤ nicht

- nicht는 동사(문장 전체), 부사, 형용사, 전치사, 소유관사, 정관사 등을 부정합니다.

TIPP 무관사나 부정관사가 붙은 명사만 kein으로 부정합니다.

Ich weiß (es) nicht.   나는 (그것)을 모르겠어.

Ich habe keine Ahnung.   나는 전혀 모르겠어.

- 동사(문장 전체)를 부정할 때 nicht는 맨 뒤로 보내고, 그 외는 부정할 것 앞에 nicht를 놓습니다.

Ich kaufe das nicht.   나는 그것을 사지 않아.

6 부정의문문

1) 부정어가 들어간 질문 (nicht / kein)

Kommst du nicht aus Korea?   너 한국에서 온 거 아니야?

Hast du kein Handy?   너 휴대전화 없어?

2) 부정의문문에 대한 긍정 대답은 Ja가 아니라 Doch를 사용!

Kommst du nicht aus Korea?   너 한국에서 온 거 아니야?

- Doch, ich komme aus Korea.   - 응, 나 한국에서 왔어.

- Nein, ich komme nicht aus Korea.   - 아니야, 나 한국 출신이 아니야.

복습 퀴즈! 제시된 빈칸을 채워 보세요.

1. _____ du jetzt gehen?   너 지금 가야 되니?
2. Ihr _____ mehr Wasser trinken.   너희는 물을 더 많이 마시는 게 좋겠어.
3. Ich habe _____ Geschwister.   나는 형제자매를 가지고 있지 않다.
4. _____ du das _____?   너는 그걸 모르니?
5. _____, ich _____ das.   웬걸, 나 그거 알아.

[정답] 1. Musst | 2. sollt | 3. keine | 4. Weißt, nicht | 5. Doch, weiß

실전 Test

1 다음 대화문 속의 숫자를 독일어로 적어보세요.

❶ A: Wie alt bist du?

너는 몇 살이야?

B: Ich bin 17 Jahre alt.

나는 17살이야.   ➡ _____

❷ A: Was möchtest du zuerst machen, wenn du 20 wirst?

너는 20살이 되면 가장 먼저 무엇을 하고 싶니?

B: Ich möchte eine Weltreise machen.

나는 세계여행을 하고 싶어.   ➡ _____

2 다음 독일어 문장을 부정문으로 바꿔보세요.

❶ Ich habe einen Bruder.   나는 남자형제를 하나 가지고 있다.

➡ _____

❷ Ich habe Lust auf einen Spaziergang.   나는 산책 갈 생각(마음)이 있다.

➡ _____

❸ Du hast ein Buch.   너는 책 한 권을 가지고 있다.

➡ _____

3 우리말 해석을 참고해서 빈칸에 알맞은 형태의 화법조동사를 넣어보세요.

❶ Ich _____ jetzt gehen.　　　나는 이제 가야 돼.

❷ Sie _____ bei Laura sein.　　그녀는 라우라 집에 있음에 틀림없어.

❸ Ihr _____ nicht kommen.　　너희들은 올 필요 없어.

❹ Es _____ heute schneien.　　오늘 눈이 온다고 한다.

4 우리말 해석을 참고해서 다음 질문에 적절한 대답을 적어보세요.

❶ A: Wie viel kostet das?

　　이거 얼마예요?

　B: _____

　　이것은 가격이 1유로예요.

❷ A: Wissen Sie die Lösung?

　　당신은 정답을 알고 있나요?

　B: _____

　　아니요, 저는 그것을 모릅니다.

❸ A: Kennst du den Mann nicht?

　　너 그 남자를 알지 못하니?

　B: _____

　　웬걸, 나 그를 알아.

연습문제 정답

Lektion 01 p. 46

1. ① ich
   ② du
   ③ er / sie / es
   ④ wir
   ⑤ ihr
   ⑥ sie / Sie

2. ① -e
   ② -st
   ③ -t
   ④ -en
   ⑤ -t
   ⑥ -en

3. ① lerne
   ② lernst
   ③ lernt
   ④ lernen
   ⑤ lernt
   ⑥ lernen
   ⑦ höre
   ⑧ hörst
   ⑨ hört
   ⑩ hören
   ⑪ hört
   ⑫ hören
   ⑬ komme
   ⑭ kommst
   ⑮ kommt
   ⑯ kommen
   ⑰ kommt
   ⑱ kommen

4. ① hört
   ② wohne
   ③ studierst
   ④ kommen
   ⑤ lernt

Lektion 02 p. 53

1. ① heiße
   ② heißt
   ③ heißt
   ④ heißen
   ⑤ heißt
   ⑥ heißen

2. ① Hasst du Grammatik?
   ② Warum hasst du Grammatik?

3. ⓒ Du sitzt auf dem Boden.

Lektion 03 p. 60

1. ① arbeite
   ② arbeitest
   ③ arbeitet
   ④ arbeiten
   ⑤ arbeitet
   ⑥ arbeiten

2. ① Findest du das gut?
   ② Warum findest du das gut?

3. ⓑ Er öffnet das Fenster.

4. ① Ich arbeite jetzt.
   ② Es regnet viel.
   ③ Sie öffnet das Fenster.

Lektion 04 p. 68

1. ① schläft
   ② trägt
   ③ fahre
   ④ fragen
   ⑤ lauft

2. ❶ schläfst
　❷ schlaft
　❸ fahre
　❹ fährt
　❺ fahren
　❻ läufst
　❼ läuft
　❽ laufen

3. ⓐ Ihr lauft sehr schnell.

2. ❶ siehst
　❷ sieht
　❸ seht
　❹ sehen
　❺ lese
　❻ liest
　❼ lesen
　❽ lest

3. ⓑ Du liest die Zeitung.

Lektion 05　　p. 76

1. ❶ gibt
　❷ spricht
　❸ isst
　❹ treffen
　❺ nehmt

2. ❶ gibst
　❷ gebt
　❸ nehme
　❹ nimmt
　❺ nehmt
　❻ nehmen
　❼ sprichst
　❽ spricht
　❾ sprecht

3. ⓓ Sprechen Sie Chinesisch?

Lektion 06　　p. 83

1. ❶ empfehle
　❷ sieht
　❸ liest
　❹ stehlen

Lektion 07　　p. 90

1. ❶ schlafen, tragen, fahren
　❷ essen, sprechen, treffen, geben, nehmen
　❸ empfehlen, sehen, stehlen, lesen

2. ❶ tanze
　❷ heißt
　❸ Schläfst

3. ❶ 나는 독일어를 배운다.
　❷ 나는 베를린에 산다.
　❸ 당신은/그들은 음악을 듣는다.

4. ❶ Woher kommst du?
　❷ Wie heißt du?
　❸ Sprichst du Koreanisch?

Lektion 08　　p. 97

1. ❶ bin
　❷ sind
　❸ ist
　❹ Sind

2. ❶ hast
　❷ hat
　❸ Haben
　❹ Habt

3. ⓐ Es *wird* kühler.

Lektion 09　　　　　　　　p. 103

1. ❶ ein
   ❷ eine
   ❸ ein
2. ❶ Die
   ❷ Das
   ❸ Der
3. ❶ 없음
   ❷ eine CD, Die CD
   ❸ eine Schere

Lektion 10　　　　　　　　p. 109

1. ❶ einen
   ❷ ein
   ❸ eine
2. ❶ die
   ❷ das
   ❸ den
   ❹ die
3. ❶ 없음
   ❷ einen Sohn, eine Tochter
   ❸ die Kinder

Lektion 11　　　　　　　　p. 115

1. ❶ Lehrer
   ❷ Stühle
   ❸ Lieder
   ❹ Schüler
   ❺ Handys
   ❻ Studentinnen
2. ❶ das Kunstmuseum
   ❷ das Gummibärchen
   ❸ das Wörterbuch
   ❹ die Handschuhe (복수형)

Lektion 12　　　　　　　　p. 122

1. ❶ bin
   ❷ habe
   ❸ werde
   ❹ bist
   ❺ hast
   ❻ wirst
   ❼ ist
   ❽ hat
   ❾ wird
   ❿ sind
   ⓫ haben
   ⓬ werden
   ⓭ seid
   ⓮ habt
   ⓯ werdet
   ⓰ sind
   ⓱ haben
   ⓲ werden
2. ❶ Ein, den
   ❷ eine, die
   ❸ Ein, das
3. ❶ Eier (중성)
   ❷ Blumen (여성)
   ❸ Häuser (중성)
   ❹ Schüler (남성)
4. ❶ der (남성)
   ❷ die (여성)
   ❸ das (중성)

Lektion 13   p. 129

1. ① es
   ② ihn
   ③ sie
   ④ sie
   ⑤ sie
2. ① mich
   ② dich
   ③ ihn
   ④ sie
   ⑤ es
   ⑥ uns
   ⑦ euch
   ⑧ sie
   ⑨ Sie
3. ⓒ Der Film? Ich finde ihn gut.

Lektion 14   p. 135

1. ① ihm
   ② ihr
   ③ dir
   ④ ihm
   ⑤ uns
2. ① mir
   ② dir
   ③ ihm
   ④ ihr
   ⑤ ihm
   ⑥ uns
   ⑦ euch
   ⑧ ihnen
   ⑨ Ihnen
3. ⓐ Fragst du mich nicht?

Lektion 15   p. 141

1. ① des
   ② des
   ③ der
2. ① eines
   ② einer
   ③ eines
3. ① Marie ist Lenas Mutter.
   ② Frank ist Felix' Bruder.
   ③ Lara ist Bens Tante.

Lektion 16   p. 147

1. ① dem
   ② dem
   ③ der
2. ① einer
   ② einem
   ③ einem
3. ⓐ Hilfst du den Kindern?

Lektion 17   p. 153

1. ① deine
   ② sein
   ③ meine
   ④ Eure
   ⑤ Ihr
   ⑥ ihr
   ⑦ unsere
   ⑧ Sein
2. ⓓ Das ist mein Buch.

Lektion 18   p. 159

1. ① meine
   ② seinen
   ③ ihren
   ④ deinen
   ⑤ deine
   ⑥ euer
   ⑦ Ihren
   ⑧ unser

2. ⓒ Er findet euren Film gut.

Lektion 19   p. 166

1. ① Der Freund **der Lehrerin** ist Deutscher.
   ② Die Eltern **des Kindes** sind jung.
   ③ Der Bruder **der Freundin** wohnt in Hamburg.

2. ① ihn
   ② mir, dir
   ③ ihr

3. ① Ich zeige ihm **meinen Hund**.
   ② **Deine Tasche** gefällt mir!
   ③ Ein Kind ruft **seine Mutter**.
   ④ **Unsere Eltern** sind groß.

4. C - B - A - D

Lektion 20   p. 173

1. ① ist
   ② beruflich

2. ① Bäckerin
   ② Koch
   ③ Angestellte

3. ① als
   ② -
   ③ bei

Lektion 21   p. 179

1. ① möchte
   ② möchte
   ③ möchtet

2. ① Ich möchte nach Hause gehen.
   ② Wir möchten jetzt bestellen.
   ③ Was möchtet ihr werden?

3. ① Ich möchte jetzt schlafen.
   ② Was möchten Sie in Deutschland machen?

Lektion 22   p. 184

1. ① darfst
   ② darf
   ③ dürft
   ④ dürfen

2. ① Du darfst nach Hause gehen.
   ② Man darf hier nicht rauchen.
   ③ Darf ich das sehen?
   ④ Sie dürfen hier parken.

3. ① Du darfst jetzt schlafen.
   ② Darf ich etwas sagen?
   ③ Darf ich das anprobieren?
   ④ Er darf nicht kommen.

Lektion 23   p. 190

1. ① kann
   ② kann
   ③ können
   ④ könnt

2. ① Du kannst gut kochen.
   ② Ich kann dir nicht helfen.
   ③ Können Sie mir bitte helfen?
   ④ Was kann ich für Sie tun?

3. ① Kannst du später anrufen?
   ② Er kann dir helfen.
   ③ Was können wir morgen machen?
   ④ Ich kann sehr gut Fußball spielen.

Lektion 24 p. 196

1. ① will
   ② willst
   ③ will
2. ① Ich will nichts essen.
   ② Wann wollt ihr kommen?
   ③ Wollen Sie alles löschen?
   ④ Ich will ihn heiraten.
3. ① Ich will dich treffen.
   ② Willst du hier bleiben?
   ③ Was wollt ihr werden?
   ④ Er will die Wahrheit sagen.

Lektion 25 p. 204

1. ① kann
   ② Möchtest
   ③ dürft
   ④ wollen
   ⑤ Darf
2. ① machen
   ② sind
   ③ als
   ④ möchte
   ⑤ bei
3. ① Ich möchte einen Kaffee trinken.
   ② Nein, Sie dürfen hier nicht parken.
   ③ Nein, er kann heute nicht kommen.
   ④ Wollen wir einen Film sehen?
   ⑤ Ja, ich kann ein bisschen Deutsch sprechen.

Lektion 26 p. 210

1. ① muss
   ② musst
   ③ müsst
   ④ müssen
2. ① Ich muss nach Hause gehen.
   ② Musst du Deutsch lernen?
   ③ Müsst ihr jetzt schon gehen?
   ④ Wir müssen die Hausaufgaben machen.
3. ① Sie müssen hier unterschreiben.
   ② Du musst nicht kommen.
   ③ Sie muss später kommen.
   ④ Er muss zu Hause sein.

Lektion 27 p. 216

1. ① soll
   ② soll
   ③ sollt
   ④ sollen
2. ① Du sollst mehr Sport machen.
   ② Was soll ich machen?
   ③ Man soll nicht lügen.
   ④ Ihr sollt eine Diät machen.
3. ① Es soll heute regnen.
   ② Ich soll die Medikamente nehmen.
   ③ Du sollst Deutsch lernen.
   ④ Sie sollen das Geschirr abwaschen.

Lektion 28 p. 223

1. ① e
   ② en
   ③ e
   ④ e
   ⑤ -

❻ em
❼ -
❽ en

2. ❶ vier
   ❷ elf
   ❸ sechs
   ❹ fünfzehn
   ❺ siebzehn
   ❻ einundzwanzig
   ❼ zweiunddreißig
   ❽ dreiundvierzig
   ❾ sechsundfünfzig
   ❿ siebenundsechzig
   ⓫ achtundsiebzig
   ⓬ vierundachtzig
   ⓭ fünfundneunzig
   ⓮ hundert

Lektion 30   p. 236

1. ❶ siebzehn
   ❷ zwanzig

2. ❶ Ich habe **keinen** Bruder.
   ❷ Ich habe **keine** Lust auf einen Spaziergang.
   ❸ Du hast **kein** Buch.

3. ❶ muss
   ❷ muss
   ❸ müsst
   ❹ soll

4. ❶ Das kostet einen Euro.
   ❷ Nein, ich weiß sie nicht.
   ❸ Doch, ich kenne ihn.

Lektion 29   p. 229

1. ❶ weiß
   ❷ weißt
   ❸ weiß
   ❹ wisst

2. ❶ nicht
   ❷ nicht
   ❸ nicht
   ❹ kein

3. ❶ Ja
   ❷ Nein
   ❸ Doch

MEMO